HUERTA
DE S. VICENTE
Nº 6

HUERTA
DE S. VICENTE
Nº 6

Los hombres de Federico

Ana Bernal-Triviño

Lady Desidia

LUNWERG
EDITORES

A la Huerta de San Vicente, por devolverme a Federico.
A. B.

A mis amigas, que clavan estrellas en la noche.
L. D.

Lunwerg es un sello editorial de Editorial Planeta, S. A.
Avenida Diagonal, 662-664 – 08034 Barcelona
Calle Juan Ignacio Luca de Tena, 17 – 28027 Madrid
lunwerg@lunwerg.com
www.lunwerg.com
www.instagram.com/lunwerg
www.facebook.com/lunwerg
www.twitter.com/LunwergLibros

Primera edición: octubre de 2022
Primera reimpresión: noviembre de 2022
ISBN: 978-84-18820-86-1
Depósito legal: B. 11.388-2022
Imprime: Macrolibros

Impreso en España

El papel utilizado para la impresión de este libro es cien por cien libre de cloro y está calificado como papel ecológico.

PEFC
PEFC/14-38-00305
Certificado PEFC
Este libro procede de bosques gestionados de forma sostenible y fuentes controladas
www.pefc.es

ÍNDICE

El conticinio de aquella noche duraba más de lo habitual, como si se hubiese paralizado el tiempo. Solo un golpe de aire frío y seco alteró el ritmo de la madrugada. De pronto, las hojas de las ramas se agitaban, impulsadas al paso de unas sombras. El roce de sus cuerpos con los arbustos y árboles emitía un sonido parecido a unos susurros en mitad de la noche. Sus tres siluetas, perfiladas por una capa, se camuflaban entre la oscuridad del bosque y la niebla nocturna. Solo podían intuirse con más claridad cuando la luz de la luna buscaba un resquicio entre las nubes que cerraban el cielo.

En unas horas se haría de día. Apresuraron el ritmo entre los últimos árboles e hicieron una pausa de cautela antes de abrir la puerta verde de la Huerta de San Vicente. Con sigilo, entraron en la casa y cerraron la entrada. A los pocos segundos, la flama de una vela iluminó el interior del comedor. Unas manos se alzaron, a la vez, para retirar las caperuzas de sus cabezas y descubrir sus rostros. Rosita, Belisa y la Zapatera cruzaron sus miradas ante el fulgor de la llama.

Fuera, en el bosque, unos ojos profundos corroboraron la llegada. Con aquella certeza, decidió marcharse, dejando en su huida la huella de sus pisadas contra la tierra, una nube de polvo entre la niebla y un relincho que rompió el silencio de una noche amenazada por el alba.

LA ROSA ROJA

— 1 —

Una pequeña gota de sangre sobresalía del dedo de Rosita. Acababa de pincharse con una espina, tras depositar la rosa mutabile roja en el jarrón del comedor de la Huerta de San Vicente, como hacía justo un año. A su lado, observó la navaja plateada que Zapatera le había prestado para cortar un poco el tallo de la flor. Aún a unos centímetros de ella, le daba miedo tener el arma tan cerca. Rememoró la voz de su tía, quien siempre le advertía que un cuchillo podría cortar el pan del hambriento, pero también acabar con la vida de alguien. La plegó con cuidado y la dejó en la mesa del comedor. Regresó a la rosa, se detuvo en la intensidad del tono de los pétalos, en aquel aspecto aterciopelado y evocó cómo había cambiado todo desde entonces.

El día se intuía pesado y plomizo. Tras una madrugada fría, una calidez templada comenzaba a alzarse. Dedujo que quizás el intenso calor de días atrás, mezclado con el polvo en suspensión, había provocado aquella sensación. También había un cambio más, en comparación con aquella mañana en la que ella llegó sola a la Huerta. Ahora estaba acompañada. Sentía que Zapatera y Belisa eran sus hermanas. Fueron las primeras en poner allí un pie y en responder a su carta, y hoy, de nuevo, eran las primeras en acompañarla.

La Zapatera la distrajo de aquel recuerdo. No dejaba de moverse de arriba abajo asomándose a la ventana del comedor, inquieta, mientras agitaba su falda verde y arrojaba fuera todos sus nervios.

—Yo voy a salir ya, ¿eh? —espetó, mirando con el rabillo de un ojo a Rosita y volviendo rápido la vista al exterior—. Parece mentira que no escucharas el relincho de un caballo ahí fuera cuando hemos entrado de noche en la casa.

—Belisa ha dicho que tampoco oyó nada —respondió Rosita con poca atención, mientras aún chupaba la sangre de su dedo, incómoda por el pinchazo de la espina.

—Habéis perdido el oído, está claro. Mira —lanzó, soltando con fuerza el tejido de su falda—, lo mismo me da. Yo salgo ya ahí fuera. Y si salgo sola, pues voy sola.

—Si te digo que no salgas, no lo harás...

—Por supuesto que lo haré, Rosa. Yo me pongo el mundo por montera pase lo que pase.

La Zapatera caminó apresurada hacia la puerta verde e intentó abrirla, aunque se le resistía. Se negaba a aceptar que aquello fuera una señal del destino. La zarandeó un poco hasta que lo consiguió. Se remangó la falda y salió al exterior muy dispuesta. Desde el comedor, Rosita no la perdía de vista. Observó cómo se adentró entre la vegetación, rodeada de una bruma que dejaba pasar los rayos de sol, y desapareció. Era cierto que ella no había escuchado nada, pero también notaba una sensación diferente a la vez anterior. El principal motivo para estar allí, además de ese reencuentro que se prometieron cada año, era que todas estaban avisadas de que la Novia les tenía que dar una sorpresa. Y aún se preguntaba qué podía ser. A veces, cuando rememoraba aquella noche, sentía una cierta nostalgia porque Novia hubiese vivido un amor que ella nunca experimentó. Es más, en estos meses pensó en su primo en varias ocasiones. En concreto, en si aquella carta de despedida que ella arrojó a la caldera de la Conjuradora habría llegado a su destino y él habría sido consciente de sus palabras. Pero no quería confesar aquella idea. Se había prometido ser una mujer nueva que no mostrara ningún lamento de su pasado. A los pocos segundos, el cuerpo de Zapatera volvió a brotar entre los árboles y se acercó apresurada al umbral de la casa, gritando los nombres de Belisa y Rosita una y otra vez.

—¿Qué pasa? —respondió Belisa con fuerza, mientras se asomaba al balcón de Federico.

—¿Pero tú qué haces ahí arriba, granuja? —respondió Zapatera desde el umbral, levantando la cabeza para ver a Belisa—. Dijimos que no iríamos al cuarto de Federico, que eso es sagrado, y tú te has *plantao* ahí directa. Vente *pa'bajo* ahora mismo. Y Rosita, acompáñame. Lo vais a ver con vuestros propios ojos.

Las dos obedecieron sus órdenes. Rosita acudió hasta el umbral mientras se escuchaban las pisadas suaves de Belisa descender por la escalera, casi de puntillas. Juntas caminaron tras Zapatera, que las llevó a unos metros de allí, donde el jardín comenzaba a ser más espeso. Cuando se paró, por si la bruma impedía verlo, marcó el suelo con la punta del pie y señaló la tierra. Las dos jóvenes comprobaron que Zapatera llevaba razón. Las huellas de un equino estaban allí pero, también, una herradura muy deteriorada.

—No la toques, déjala ahí —advirtió Rosita.

Zapatera, que se quedó en el intento, dio un paso hacia atrás.

—Puede ser que ahora haya por esta zona algún caballo suelto, ¿no? —cuestionó Belisa, intentando dar un argumento que tranquilizara a todas.

—Sí, muchacha, en mitad de la ciudad, a las seis de la mañana viene aquí un caballo, a lo mejor, para darnos los buenos días —respondió fresca, la Zapatera—. Yo noto que hay algo diferente. Ni el sol calienta como en un agosto normal, ni este aire es de verano. Está turbio, más pesado. Y mira esta tierra. Vosotras no sois de campo, pero yo os digo que esto ya no es lo que era. —Cogió un puñado entre sus manos mientras lo dejaba caer en forma de polvo—. Esta tierra ha pasado de ser amarilla a ser casi rojiza.

Belisa optó por guardar silencio y miró a Rosita, quien también tenía sobre sí los ojos de Zapatera, que se sacudía las manos del polvo. Rosita no podía negarlo. Ella tenía una intuición extraña. Recordaba que hacía un año llegó con unos nervios agarrados al estómago pero con un sentimiento de esperanza. Ahora mismo no podía negar que el entorno despedía una sensación inquietante pero, de inmediato, quiso apartar esa incertidumbre de encima.

—¿Y esa sangre tuya, Rosita? —preguntó asustada Belisa cuando comprobó que una gota de sangre absorbida por la tierra procedía de la mano de su compañera.

—Me pinché con la rosa. No os preocupéis por mí y centrémonos en lo importante —sostuvo mientras apretaba la herida sangrante con un pañuelo que extrajo de su manga—. No tengamos miedo. Vamos a relajarnos, a disfrutar del momento. Recordad que ese fue siempre el mensaje de Federico. Lo que pase pasará. Y si pasa algo, estamos todas juntas.

Las tres regresaron a la casa calladas, con el sonido de unos cuantos pájaros que se escondían entre las copas y el arrastre de sus pies en aquella tierra seca y rojiparda. Aunque guardaban silencio, en su interior permanecían dudas que no manifestaban para no aumentar la tensión. Entraron a la vivienda y Zapatera cerró la puerta con fuerza. Ante las miradas de Belisa y Rosita, justificó que era demasiado temprano y ellas demasiado pocas como para dejarla abierta, como antaño. Seguras de ello, se encaminaron hacia el comedor. Zapatera se ponía nerviosa con aquel mutismo que sus compañeras traían desde el hallazgo.

—Bueno, rompamos este silencio, que parece esto un entierro. No demos más vueltas al tema.

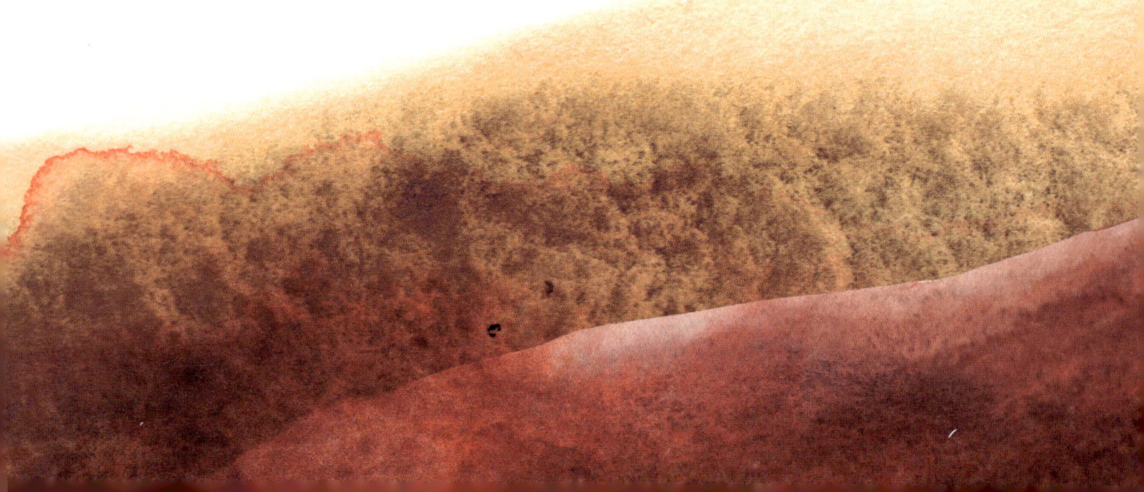

—Eso es, os lo he dicho —matizó Rosita—. Estamos aquí por varias razones. Dijimos que quedaríamos cada año en vernos y...

—Y Novia nos ha dicho que tiene que darnos una noticia importante esta vez. ¿No se habrá casado con Leonardo sin invitarnos, no? —cuestionó Belisa—. Yo tengo curiosidad por verlo. Debe ser imponente, un león, tal y como ella lo describe.

—¡Un semental, amiga! Cuando habla de él parece que quiebra la tierra a su paso. Eso sí, muy mal estaría por su parte si no nos hubiese invitado —reprochó Zapatera.

—Yo tengo ganas de ver a todas de nuevo... —confesó Rosita.

—¿A Bernarda también?

Rosita miró con reprobación y una sonrisa final a Zapatera, quien explotó en una carcajada, aunque se apresuró a comentar mientras miraba por el cristal de la ventana para asegurarse:

—A ver si me pilla Bernarda hablando de ella, y empezamos con mal pie.

—¿Pero crees que volverá a venir? —cuestionó Belisa.

—Si acuden las hijas, por supuesto. Además, venir aquí nos da vidilla a todas. ¡Quién podría faltar! —zanjó Zapatera—. Bueno, doña Rosita, ¿no nos va a comentar nada de su nueva vida?

La joven sonrió más profundamente ante aquel cambio de tono mayestático y se sentó en una silla, mientras Zapatera y Belisa lo hicieron en el suelo, a sus pies, dispuestas a escucharla. Rosita se abrió de par en par en todo lo que pudo, porque aún había una parte de ella que no quería compartir. Pero era cierto que ya no tenía temor de expresar todo lo que sentía sobre su pasado. Era una mujer más fuerte, decidida y segura de cómo tenía que vivir de ahora en adelante. Zapatera la contemplaba embelesada, orgullosa de ver ese aprendizaje. Belisa la miraba con admiración, pero pronto las palabras de Rosita bajaron de intensidad en su mente. No podía dejar de recordar su paso por el dormitorio de Federico. Rosita se percató de que el semblante de Belisa había cambiado y le cuestionó si pasaba algo. Ella negó, evitando que sus ojos desvelasen lo que había visto en aquella habitación.

—2—

—¿Señora, está usted segura de este nuevo encuentro?

La pregunta de Poncia sacó de sus ideas a Bernarda, que caminaba tras el grupo que conformaban sus hijas. Miró hacia atrás, donde su madre Josefa iba hablando sola, bailando con su oveja, mientras Criada la acompañaba.

—Este tiempo no es de agosto —comentó Bernarda, para evadir a Poncia—. Y maldito zapato este que llevo, que se me estropea cada vez que vamos a esa casa.

—No me ha respondido, señora.

Poncia soltó aquella frase para agitarla por dentro. Bernarda volvió a guardar silencio unos instantes. Notaba que, en su interior, sus cambios eran muy lentos. Que la losa de su pasado estaba agarrada muy adentro.

—¿Qué quiere que haga?

—Debe reconocer que Federico tendió puentes que estaban rotos.

—No lo niego. Aunque hay puentes que se caen una y otra vez.

—Todas hemos cambiado... y usted también. Ni bastón lleva.

Bernarda mantuvo más segundos de silencio, sin querer mostrar que echaba de menos aquel objeto que había sido, tantos años, una prolongación de ella misma.

—Intento, cada día, hacer las paces conmigo misma. No hay más.

—Su pronto está aún ahí dentro. En el pueblo no se ha hablado de otra cosa estos meses. No han dejado de dar vueltas a lo de Adela. Todo se sabe —puntualizó Poncia.

—Calla y no seas víbora —subrayó Bernarda, con fuerza—. Que tus palabras no salgan de aquí. En momentos así necesito mi bastón, que alzaría para demostrar al pueblo que sigo al mando de esta casa. Era mi descarga de lamentos y mi empuje cuando me faltaba. No tolero ni un comentario más a esa gente, que mis niñas guardan la honra.

—Hasta que venga un nuevo Pepe el Romano y lo ponga todo patas arriba.

—¡Ni nombres nuestra desgracia, Poncia! Que no arrastre el aire el nombre de ese infame hasta mis oídos. Mientras mis hijas estén entretenidas entre ellas y con sus deseos de ser algo en esta vida, no pensarán en hombres que las dañen.

—No sea terca, Bernarda. Quizás algunos no las hagan llorar, sino todo lo contrario. Su Angustias ya merece un buen mozo y darse una alegría al cuerpo. Los hombres también se merecen esas cosas.

—¡Poncia! ¡Esa boca!

—¡La mía no! La de sus hijas, que pronto empezarán a escupir fuego por ella cuando no se puedan contener. Aún le queda por evolucionar a usted, señora.

—Nadie te ha dado vela en este entierro —recriminó Bernarda, mientras miraba hacia atrás, y comprobaba que no veía a su madre ni a Criada—. ¡Criada, Criada! ¿Dónde estás?

La joven se abrió paso entre las hijas de Bernarda, con quienes iba hablando.

—¡Que no me llame Criada a secas! ¿No recuerda que elegí mi nombre ante Federico? Me llamo María.

—¿Y qué haces con mis hijas?

—Conversaciones nuestras.

—Tu orden es cuidar de mi madre, ¿dónde está? —mandó Bernarda, con la voz tan alta que provocó que las hijas se detuvieran.

Criada reaccionó para ir en busca de Josefa, y Poncia abandonó a Bernarda para acompañarla.

—Estás muy rebelde, Criada.

—¿Tú también, Poncia? ¿No habíamos quedado en que no íbamos a reprimirnos entre nosotras? Permanecer con vosotras, a veces, es seguir luchando contra gigantes. ¡Y me llamo María! —Gritó, a la vez que avanzaba en busca de la anciana. Se alejó de Poncia, que apresuró el paso junto a ella. En aquel esfuerzo, desahogaba parte de su rabia. Sentía cómo su condición le seguía manteniendo los pies pegajosos, agarrada a un suelo de fango de donde nadie, ni siquiera las que consideraba sus aliadas, la dejaba despegar.

—Debes entender que la señora ha cambiado, cambia tú también con ella.

—No me vas a convencer, Poncia. Obedeceré hoy, pero cada vez aceptaré menos órdenes de Bernarda. Conseguiré crear la biblioteca en el pueblo y no tendré que trabajar para ella.

—Desde que Rosita te ha ayudado a leer y te estás haciendo con los libros, piensas cosas raras. No hay quien te conozca.

—Pues eso es lo bueno, que no me conozcáis, porque luego no me vais a ver el pelo —espetó la Criada, determinante—. Ve con la señora. Yo encontraré a Josefa.

Poncia vio cómo se marchaba su compañera en busca de la anciana hacia el bosque de chopos más cercano. Dudó unos instantes qué hacer y pensó en seguir la orden de Criada. Caminó hacia Bernarda que, intentando disimular como si estuviera abstraída de la escena, no había perdido detalle de la conversación.

—Sigamos. Ya vendrán —sugirió Poncia, ya a su lado.

—Criada está muy rebelde.

—Haga con ella como con sus hijas. Al final, cuanto más las atamos, más se rebelan. A mí, hoy, si volviera a nacer, no crea que me tendría tan callada.

Los gritos de Josefa sobresaltaron al grupo. Todas comprobaron que había regresado y emprendieron de nuevo el camino. Criada prefirió quedarse al lado de la anciana, que se percató de que su ánimo estaba removido.

—Puedes alejarte de mí, María. Si me pierdo ahora no importa. Más perdida he estado toda mi vida.

—Prefiero quedarme con usted. Es la única cuerda de esta casa y la única que quiere ser libre de verdad, aunque no pueda.

—¿Te confieso un secreto? —manifestó, haciendo que la Criada se agachara hasta situar su oído cerca de su boca—. Hay una forma de volar y ser libre: que no te importe lo que digan de ti.

Y tan pronto como la anciana dijo aquello, se alejó dando brincos con su oveja bajo el brazo, como si un golpe de cordura la hubiese visitado fugazmente y ahora volviera a sentirse enajenada, para alejarse de la realidad.

Criada sostuvo aquella idea en la cabeza como una alternativa para sobrevivir en ese periodo de transición hasta conseguir su sueño. De alguna manera, tenía que hacer que sus días fueran más llevaderos. Centrarse en aquella meta podía ser la única solución momentánea.

Poncia miró hacia atrás, para comprobar que Criada y Josefa guardaban unos metros prudenciales de distancia. Hizo lo mismo con las hijas de Bernarda, hasta asegurarse de que la separación entre ellas impediría que nada llegara hasta sus oídos. Y en ese instante, cuando estaba totalmente convencida, no dejó escapar la oportunidad para hacer a Bernarda la pregunta que le rondaba desde que salieron de la casa.

—Dígame la verdad, señora. Vamos a la Huerta porque quiere volver a ver a Adela.

La respiración de Bernarda se encogió, pero ni siquiera se detuvo. Continuó el camino, seria, firme, con la mirada al frente.

—Silencio, Poncia. No digas nada. Silencio.

—3—

A la nana, nana, nana,
a la nanita le haremos
una chocita en el campo
y en ella nos meteremos...

Novia divisaba, a lo lejos, las alpacas de paja del fondo del campo, a la vez que acariciaba con la punta de los dedos las espigas de trigo entre las que caminaba. Miró con complicidad a Yerma cantar aquellos versos, y quiso sumarse con otros que su memoria le traía de vuelta, para amenizar el camino que les quedaba hasta la alameda de los chopos.

A la nana, nana, nana,
a la nanita de aquel
que llevó el caballo al agua
y lo dejó sin beber...

Las dos avanzaban cubiertas, a ratos, por una suave bruma que crecía conforme hacían camino y se mezclaba entre sus piernas con las espigas silvestres que les ofrecían un paisaje casi dorado. Desde que todo ocurrió, las dos habían compartido mucho tiempo juntas. Aunque la lejanía entre ellas estaba presente, cada una en diferentes espacios, buscaban elementos de conexión entre los libros. A veces compartían mensajes en una botella que lanzaban al río, que viajaban de una hasta la otra, para intercambiar ilusiones. En el transcurso del año, Novia había quemado cartas y cartas bajo la luz de la luna para comunicarse con Leonardo, como le había recomendado la Conjuradora. Y Yerma estaba asombrada porque sentía la llama del deseo. Ella, que durante años había crecido con la sensación de estar seca y estéril por dentro, había sido capaz de enterrar parte de su pasado y presentir que algunos brotes verdes crecían en sus adentros. Salieron del campo de trigo para pasar a uno de tierra seca que las llevaría hacia su destino.

—Mira estas pisadas en la tierra. ¿Serán de ellas? ¿Crees que todas habrán recibido tu mensaje y vendrán? —preguntó Yerma.

—Creo que sí. Y espero que les ilusione mi motivo. Lo que vivimos juntas, a pesar de nuestras diferencias, fue tan único que nada podrá separarnos. Tú o yo sabemos nuestros motivos, pero todas volverán con alguna otra razón —confesó Novia, antes de alejarse para jugar con unas piedras que bordeaban un pequeño riachuelillo, cuyo caudal flojo humedecía el paso—. Todas hemos cambiado... como este paisaje, ¿has visto? La tierra casi se agrieta cuando andamos, es más rojiza y se deshace en nuestras manos, y este río apenas fluye. Y contrasta tanto con mi interior, que no está seco, sino más palpitante que nunca.

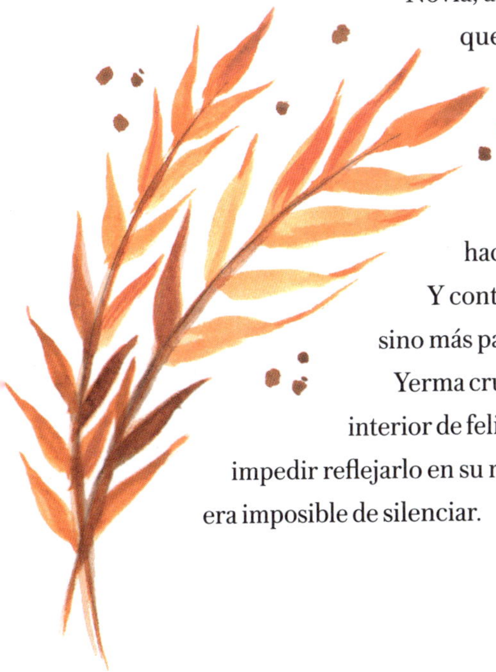

Yerma cruzó la mirada con ella, porque sabía que aquel interior de felicidad era común y tan explosivo que no podía impedir reflejarlo en su rostro. La esperanza que le crecía en el pecho era imposible de silenciar.

—¿Sabes? —comentó ante el gesto de atención inmediata de Novia—. La nana que acabo de cantar la recitaba en casa. Retumbaba en mis adentros cuando estaba con Juan y no me despegaba del tabanque de costura a mis pies. Él hacía como si estuviera sordo, pero quien sí me escuchaba con plenitud era Víctor. ¿Crees que en este viaje yo podré llegar hasta Víctor, como tú has conseguido llegar hasta Leonardo?

—Ojalá, Yerma —sonrió, cómplice—. Porque yo, a día de hoy, aún no puedo describirte lo que aquel encuentro significó para mí. Lloré de alegría y de pena a la vez, y mi angustia fue no poder sacarlo de aquel caballo. Tú, que conoces más a Dolores, ¿crees que me traerá a Leonardo en persona para que ella nos case?

—Si es lo que tú quieres, me alegraría mucho por ti.

—Es lo que quiero. Lo nuestro estaba por encima del matrimonio, pero en la romería de este año una anciana me pasó un conjuro que deseo que Dolores realice. En él se cuenta que si regresa Leonardo de alguna forma y contraemos matrimonio, ya no desaparecerá nunca más. Es la única manera, con una boda... que no sea de sangre. Quizás sea egoísta, pero después de tanto dolor, si encontré felicidad en sus brazos, no quiero que se me vuelva a escapar.

—Ojalá, Novia... y ojalá me traiga también a Víctor, aunque me da vergüenza solo de pensarlo.

Tras aquella confesión, sintió como si ella misma se impusiera un candado que cerrase sus labios. Novia percibió que se había tragado sus palabras y la empujó a expulsarlas.

—Pero di, no te calles, soy yo, Novia.

—Lo sé, amiga, pero... tengo fantasías con otro hombre distinto al que tuve. Imagino escenas de día y de noche con él donde me entrego como nunca. Se me agarra algo a las entrañas que no sé cómo explicar, y le abrazo con una fuerza visceral que no puedo evitar.

—Pero ¿por qué te culpas?

—Porque soy la asesina, la que debería de haberse matado después llena de culpa, la que debería estar llorando toda la vida, a la que nadie comprende... ¿No lo entiendes? Todo el mundo me lanzaría piedras en la próxima romería.

Novia sostuvo sus manos temblorosas antes de responderle.

—Yerma, que te critiquen... a ti, a mí y a todas las que quieran. Que nos critiquen y lancen venenos de sus lenguas, que morirán arrastradas como las víboras. La gente se va a la tumba llena de fracasos y sueños incumplidos. Podemos soñar y anhelar sin dar explicaciones a nadie. Quienes nos señalan es porque nunca serían capaces de hacer lo mismo, aunque ardieran en deseos, porque tienen miedo de que otros los juzguen.

Yerma soltó un soplido de alivio, como si aquellas palabras hubiesen desatado un nudo en la garganta.

—A veces, creo que solo tú me entiendes.

—Yo lo he vivido. Y aquella noche pensé y pensé y pensé, hasta agotarme, qué dirían los demás, pero mi vida era mía y de nadie. Luego de aquella boda bañada en sangre, mi deseo se convirtió en una culpa arrastrada que incluso aún no me arranco, con el sentimiento de que enamorarme había sido pecado. Y, luego, pienso... Que digan lo que quieran... Que me poseyó el demonio o que fui un torrente descontrolado sin pies ni cabeza, pero cuando salí huyendo solo yo poseía la certeza de que tenía al amor de mi vida delante y poca gente vive eso. Cuando tienes esa evidencia ante tus ojos, cuando el alma te ensancha el pecho, por mucho que te niegues, no puedes decirle que no. Y eres capaz de hacer lo que yo hice, escapar del mundo si fuera preciso —declamó Novia, retirando una lágrima del rostro de Yerma, para sostener su cara entre sus manos—. Amiga, grábate esto que te digo, a fuego, ahí dentro: no podrán con nosotras.

A lo lejos, una mujer vestida de luto las contemplaba. Y ocultándose tras uno de los árboles del campo, acarició una de las espigas y pronunció en un susurro: «Benditos sean los trigos, porque mis hijos están debajo de ellos».

—4—

El grupo de mujeres vestidas de negro que se mezclaban entre aquel ambiente grisáceo avanzaba hacia la casa. Amelia devolvió la vista hacia atrás. La mirada de su madre, Bernarda, seguía sobre ella. Desconocía si el resto de las hermanas tenía la misma sensación, pero aquellos ojos clavados aún le pesaban a sus espaldas, le oprimían los pulmones y le ataban la respiración. A pesar de que algunas cosas habían cambiado, sentía que continuaban siendo pequeñas para sus ansias de devorar el mundo. Ella seguía echando de menos a Adela y creía que, en el fondo, todas realizaban de nuevo ese viaje solo para volver a esperarla.

—¿Vosotras a quién tenéis más ganas de ver? —preguntó Angustias mientras pateaba una piedra del camino.

—Un poco a todas, para saber de ellas —comentó Martirio, sin interés, distraída por el paisaje.

—Yo quiero saber de Rosita —confesó Angustias.

—¿Por? —preguntó Amelia, con curiosidad.

—Las dos fuimos abandonadas por un hombre que eligió a otra mujer. Quiero saber si ha podido olvidarse de su primo, porque yo no he podido olvidar a Pepe el Romano.

—Porque te obsesionaste con él —puntualizó Martirio, seca.

—Para obsesionada, tú, que ciega de odio delataste a Adela ante mamá porque no soportabas que la tocara. Y sí, no dejo de pensar porque no fue una cualquiera la que me lo quitó, fue mi hermana, que comparte mi sangre. ¿De qué sirve la sangre si no se respeta?

Amelia temía que aquella tensión creciera sin ni siquiera haber llegado aún a la casa. Miró hacia atrás a Bernarda y pidió a las hermanas que bajaran el tono de voz e intentó cambiar el foco de la conversación.

—¿Y por qué no arrojas esas frases hacia él, Angustias? —La hermana la miró contrariada—. Nunca lo tuviste, en el fondo. Quien tenía que haber respetado aquel pacto de hermanas era él mismo. No tenía que haber puesto los ojos en otra mujer salvo en ti.

Angustias intentaba controlar su respiración.

—La sangre es sagrada. Por una familia, se muere.

—Depende de la familia —aclaró Amelia en cuanto pudo—. Hay familias por las que merece la pena pelear, y de otras hay que salir huyendo o pierdes la razón, como le ocurrió a nuestra Adela.

—La sangre, a veces, no explica nada porque justo crea ríos de sangre que te arrastran al fondo y te ahogan —sentenció Martirio.

—La familia es la que toca y no siempre está a la altura. A veces otras personas sin tu sangre, al menos, no solo te escuchan sino que te comprenden. Yo ahora me siento más cercana a Criada o a Novia que a ti, Angustias. Con ellas puedo hablar de futuro y de deseo. Contigo, no. Todas tenéis miedo aún.

—Hasta tú lo tienes, que no te has ido y vienes aquí con nosotras.

Aquel comentario de Angustias dolió a Amelia. Sabía que, entre todas, la lista de reproches nunca se agotaría. Cuando el dolor atraviesa tanto a una familia, como ocurría con la suya, sale siempre el dolor. Y a Amelia le cansaba reconocer que el miedo se albergaba en ella. Que no se lo podía arrancar y que la perseguía, como la sombra que se marcaba en el camino a su paso.

—Una noche, escuché a Poncia decir que Novia y Yerma entraron en locura porque no tenían madres que las aconsejaran. Nosotras tenemos —justificó Martirio, para cerrar la conversación, sin éxito.

—Pues con madre, una de nosotras se mató. Yerma y Novia no estaban locas —respondió Amelia.

—Aún lo dice la gente —justificó Martirio.

—¿Y quién es la gente? ¿Las conocían, acaso? ¿Vivían con ellas? Todo el pueblo las tachó de majaras por hacer lo que les venía en gana y eso está mal visto. Nunca podremos quitarnos de encima esta condena de familia.

—Quizás tenga razón —meditó Martirio—, pero es cierto que ni Yerma ni Novia tenían madre.

—¿Y? ¡No me las santifiques! Las madres son mujeres. A las madres las hicieron guardar silencio y obedecer para sobrevivir. Parir es algo solo nuestro, porque así es nuestro cuerpo, pero ni este pecho ni esta cabeza me obligan a tener que cuidar a los demás por encima de mí misma. ¡Ya está bien! —reprochó Amelia.

—¡Niñas! Basta de jaleo —gritó Bernarda, a unos metros, consciente de que sus hijas tenían una conversación tensa.

Todas devolvieron la vista hacia atrás, para luego cruzarla entre ellas. Martirio bajó la cabeza al suelo. Amelia resopló. Y Angustias, agarrando el rosario que llevaba colgado de su cuello, solo dijo: «Ni una palabra más. Silencio».

—5—

—No entiendo por qué no me quieres enseñar. ¡Eres mi madre!

—¡No me chantajees! Sí, soy tu madre, pero también soy la Conjuradora. Y no te voy a enseñar porque no quieres hacer magia para ayudar. ¡No lo permitiré!

—No, madre. No quiero hacer daño a nadie. Solo alejarlo de mí y que alguien me quite ese dolor. Parece mentira que para esto no me ayudes, pero para darme yerbajos para preñarme, bien que no tenías problema.

Conjuradora apretó los ojos de desesperación, llevando las manos al cielo y agitando la vara, que dejó oír el sonido de sus campanillas, como si pidiera al más allá una dosis añadida de paciencia. Se dio media vuelta y avanzó los últimos metros. Su hija no le perdonaba que la hubiera obligado a casarse, y ahora no paraba de recordárselo. Pensaba que durante el camino se le quitaría el enfado, pero ya divisaban la Huerta a lo lejos. En esta ocasión no se fiaba de dejarla sola, así que decidió que la acompañara en el viaje para tenerla controlada. Consideraba que le iría bien rodearse de mujeres que hablaran de los hombres sin tapujos e intercambiar sus vivencias con otras. Pero ni siquiera la propuesta parecía consolar a la muchacha, que solo quería convertirse en mejor conjuradora que su propia madre. De hecho, buscaba que las protagonistas de Federico le contaran, de primera mano, los ritos que había hecho su madre con ellas, a la que nunca había visto en acción tal como se relataba por todos sitios. Porque, desde que todo ocurrió, en el mundo de los libros las protagonistas no paraban de escribirles cartas para llegar hasta ella, además de todas las mujeres del valle esperaban ser sometidas a rituales que cambiaran sus vidas. Ella quería aprender también para ayudar a todas aquellas que venían con un pasado doloroso como mujeres.

Hasta entonces, solo había visto desde pequeña cómo días antes de las romerías muchas mujeres acudían a su casa, la última en la zona más alta de la aldea, en la oscuridad de la noche. Recordaba de madrugada los golpes en la puerta de madera, el sonido de la apertura, el olor continuo a hierba seca de las paredes, la luz tenue y anaranjada de la vela que su madre portaba, las palabras intercambiadas en voz baja y cómo se iban tras una cortina a despachar. El murmullo de aquellas conversaciones la arrullaba hasta coger el sueño. Recordaba cómo, durante un tiempo, su madre le impidió ir al río para evitar a una anciana que enseñaba remedios peligrosos y que amenazaba con hacerle daño. Fue la primera vez que conoció el miedo porque pensaba que se quedaría huérfana y sola, pero cuando se alejaron a las cuevas para protegerse y pasaron los días y las noches, fue feliz por estar con ella. Después creció y, siendo aún joven, Dolores la obligó a casarse. El resto, para ella, ya no fue la vida que imaginó. Su madre no le dejaba tampoco dedicarse a la brujería, aunque sabía que tenía más alma de conjuradora que ella misma. Pero, al fin y al cabo, quería protegerla del mismo destino que había sufrido.

—Una cosa advierto —añadió su madre—: Nuestro tiempo estará manejado por una flor, una rosa *mutabile* que, aparte de marcar las horas, tiene propiedades curativas que algún día descubrirás. Pero te recuerdo: no te atrevas a jugar con el tiempo.

Salió de aquellos pensamientos cuando, tras rebasar los últimos árboles, descubrió frente a ella la casa de la Huerta de San Vicente. No se la imaginaba así. Apreció los jazmines azules de la entrada y su aroma, y aguardó a que su madre diera dos golpes con los nudillos en la puerta, a la vez que agitaba las campanillas de su bastón para identificarse. Pronto intuyó el movimiento de unas sombras tras los vidrios de la ventana. De inmediato, la puerta se abrió y tres mujeres, para ella desconocidas, se abrazaron a la Conjuradora. Pasaron al vestíbulo y observó algunos detalles, como el velón de Lucena junto a la mecedora, el diván o el espejo que reflejaba su aspecto descuidado tras el viaje. Estaba sorprendida. Nunca había visto una sonrisa tan feliz en su madre mientras saludaba a aquellas mujeres. Jamás. Ni siquiera con ella misma. O si la tuvo, sería de cuando era muy pequeña. ¿Qué clase de conexión había tenido con esas desconocidas que las unía tanto? Cuando Rosita se presentó, la sacó de golpe de aquel viaje en el tiempo.

—Mi madre me habló mucho de ti, Rosita —le respondió tras el saludo, sin dejar de contemplar el vestido blanco que portaba, tan delicado, en comparación con el suyo de algodón gris.

—Es que Rosita fue la que originó todo, la que nos juntó. Encantada de saludarte, yo soy Belisa —comentó, mientras se acicalaba el pelo para estar presentable.

—Pues espero que le hayas hablado de mí a tu hija, bruja —se quejó Zapatera mirando a Dolores, quien se rio—. Yo te advierto que aún estás a tiempo de irte de esta casa, muchacha. Cuando las mujeres nos juntamos...

—No me la asustes, ¡que menudo viaje me ha dado! —espetó la Conjuradora—. Está en una de esas crisis nuestras.

—Pues entonces, ¡has venido al mejor sitio, muchacha! Aquí todas le damos a la lengua una barbaridad. Eso sí, no me hagáis trabajar como la última vez: que si el zapato, que si el vestido...

—En esta ocasión, si ocurre algo de eso, que lo asuma mi hija, es buena bordadora —lanzó Dolores.

El gesto de la muchacha cambió por completo.

—¡Que no, madre! ¡Cuántas veces he de repetirlo! Que no me gusta ni guisar, ni lavar ni coser. Que me gusta la calle, subir al arroyo y tomarme un refresco de anís. ¡Que yo quiero ser bruja y usted no lo entiende! ¡Déjeme en paz!

La muchacha abandonó el vestíbulo y giró hacia la derecha, en dirección a la casa de los guardeses. La Conjuradora la perdió de vista pronto desde el interior, y en cuanto desvió su mirada encontró que los rostros de Belisa, Zapatera y Rosita le demandaban una explicación.

—Pasad al comedor, que os cuento.

—Pues ya nos puedes dar detalles de qué le ocurre a la muchacha para estar así —declaró Zapatera.

—Si podemos ayudarla en algo —sugirió Rosita.

—No sé si tú precisamente..., porque no me perdona que la casara con el Miguel, un joven de otra pedanía. Nunca lo ha querido realmente, se dejó llevar. Ahora, Miguel se ha ido. Es lo que tienen los personajes que no salen de los libros, que pueden hacer lo que quieran...

—Menudo holgazán —maldijo la Zapatera.

—Dice que se fue por trabajo —continuó Dolores—, pero todo el mundo ya sabe que se ha marchado con otra de la pedanía donde él nació. Ahora somos la habladuría del pueblo, y no quería dejarla sola en esas circunstancias. Está muy vulnerable y eso es peligroso.

—Has hecho lo debido —puntualizó Belisa.

—Y ahora le ha dado por decir que quiere un conjuro contra los hombres que hacen daño. Entre lo de Miguel y lo que le pasó a otra muchacha en la romería...

—¿Qué?

—El año pasado, en lo más oscuro, unos mozos atenazaron con sus manos los pechos de su amiga...

—¡Pero qué horror! ¡Se creen que somos suyas! ¡Estamos vendidas!

—Entre una cosa y otra, ella me roba libros, me arrebata hechizos, se guarda hierbas sin decirme nada...

—Pero ¿y tú por qué eres tan *apretá* y no le enseñas a la muchacha? Cuanto más prohíbas, peor, más se rebelará. ¿Qué mosca te ha picado?

—No es eso, Zapatera. Ella tiene madera en esto. Se parece a mi madre, que era mucho mejor que yo.

—Entonces, bruja, ¿tienes envidia de tu propia hija?

—Zapatera, no me interpretes mal. Yo confío, pero tiene mucho más allá. Y ella lo sabe. Hace pequeñas cosas con una gran habilidad pero aún no sabe separar los cuatro mundos a los que nos enfrentamos: el mundo humano, el de los personajes, el de la vida y el de la muerte. ¿Sabes lo que es ser bruja? Que cuando algo malo ocurre, todo el mundo te señale. Es huir por las montañas para no ser condenada, salvo que tu nombre brille porque un autor lo requiera. Celestina solo hay una. Hemos sufrido mucho y no quiero el mismo destino para ella. Por eso la casé, para que fuera una mujer normal.

—Pero si ella ha crecido viéndote a ti, que no has sido una mujer normal, sino que has estado sola frente a la adversidad, ¿no entiendes que eres su referente y que eso del bodorrio no va con ella?

Dolores suspiró, con un gesto entre el enfado y la derrota. En aquel instante maldecía toda su vida. Bajó el tono de voz para confesar:

—Mi carrera no le conviene. Además, me preocupa. Yo, de verdad, creo que ella tiene capacidad para hacer magia negra de entrada. Por ejemplo, solo quiere aprender a manejar el espacio y el tiempo. Es lo más delicado dentro de la magia porque puede provocar desórdenes irreparables. Solo debe hacerse en muy contadas ocasiones. Sobre todo ella, que quiere siempre volver hacia el pasado para cambiar decisiones de su vida... y eso no se puede. Me aterra que juegue con el tiempo y el espacio porque aún no domina lo más primario.

—Pero, explícate. Nos vamos a morir o qué, porque yo no me entero del peligro de todo esto.

—Una vez que se termina un libro, estos quedan sellados para que las historias no puedan mezclarse, salvo excepciones. Eso no nos salva de que personajes de todo tipo sepan de nosotras o nos escriban, como me pasa ahora. Pero hay cientos de brujos y de brujas de magia negra pendientes de los canales y flujos cuando alguien desafía enfrentarse al tiempo. Captan esos cambios de energía para, con malas artes, cruzar de una historia a otra. Y ahí hay de todo. Algunos vienen a robar tesoros, a ajustar cuentas... o a matar personajes...

—¡Pero qué cuentas, bruja! ¿Y a Federico lo podrían matar?

—Creo que no, pero no puedo darlo por seguro. La única certeza es que hay personajes que nadie recuerda o autores que nadie nombra, porque esas historias mueren. Si encuentran ese pasadizo de conexión pueden destruir nuestras historias y a nosotras mismas. Y os prometo que nuestra reunión del año pasado corre como la pólvora porque las palabras vuelan y se saltan cualquier barrera. Y eso no puede pasarnos a nosotras. No podemos hacérselo a Federico, que nos pidió seguir hablando por él y mostrando la historia de tantas mujeres. Borrarnos de la memoria es el vacío. Y mi hija es incapaz de distinguir todas esas energías. Si comete un error y cae en esta trampa, esa magia se volvería contra nosotras...

—Pero ¿qué mujeres querrían hacernos daño a nosotras? —dudó Belisa.

—No todas son santas, hija mía, o acaso no hay algunas muertas de envidia o que nos la tienen jurada, porque conmigo cada una tuvo una lengua que para qué te cuento... —apostilló Zapatera.

—No solo eso. Podrían hacerlo nuestros hombres si los despertamos de su letargo. Y os aseguro que más de uno querría hablar con vosotras.

Las tres miraron a Dolores con incredulidad. La Conjuradora suspiró antes de hablar, agitó su cabeza, como si intentara que de forma rápida se ordenaran sus ideas. Rosita le sujetó las manos y le devolvió la mirada.

—Alguna salida a todo esto debe haber —propuso Rosita.

La hechicera meditó unos segundos y avanzó que había que ser muy cautelosas.

—Hay normas que rebasamos estando aquí, pero no se puede ir a más —advirtió—. Tenemos que precintar nuestras historias y no permitir que más personajes puedan entrar en este espacio o perderíamos el control. Ni tampoco que el resto de los personajes que nos rodean lleguen hasta aquí, o podrían cambiar el curso de los hechos. Nosotras rebasamos esa frontera porque nuestro destino y nuestra energía la traspasaron, pero no todo el mundo se mueve por los mismos intereses y afectos que nosotras. Ese canal de energías que conecta el mundo de los libros y el de los humanos no puede quedarse abierto. Y mi hija se empeña, desde aquí, en alterar la historia de nuestros hombres, que si cruzaran esa línea no lo harían con nuestra voluntad, estoy segura.

Gritos lejanos y murmullos crecientes alteraron a las cuatro, apartando su atención de aquel relato. Belisa se puso de pie con premura y, mirando por la ventana, quiso confirmar su intuición:

—¡Son Bernarda y las niñas!

—¡Ni una palabra de esto a nadie! —ordenó Dolores, con una angustia marcada por la vergüenza—. ¡Silencio!

—*6*—

Desde fuera de la casa, escuchaba las voces de aquel grupo de mujeres que acababa de llegar. No tenía ganas de charlar ni de conocer a nadie por ahora. Solo quería estar consigo misma. La hija de la Conjuradora había conseguido atemperar su ánimo tras encontrar refugio en la sala de venta de libros de la Huerta de San Vicente. Ver abierta la puerta de aquel espacio lo tomó como una señal de pasar a su interior.

Cuando entró, pronto se dio cuenta de que quizás allí hallaría respuesta a parte de las preguntas que tenía en mente sobre la vida de todas aquellas protagonistas. Localizó los libros con las historias de cada una de ellas. Deslizó sus dedos entre las tapas de aquellos lomos y pronunció los títulos en voz alta: *Doña Rosita y el lenguaje de las flores, Amor de don Perlimplín con Belisa en su jardín, La zapatera prodigiosa*... Cogió varios de ellos y los ojeó al azar. Así llegó a averiguar que Rosita fue abandonada por su primo, que Yerma cometió un asesinato, que Mariana fue sentenciada o que Adela se suicidó. Uno de sus dones era la rapidez con la que podía leer cualquier texto. Pasaba de forma fugaz sus ojos por aquellas líneas y registraba con fuerza algunas palabras. Su cabeza guardaba frases clave de las conversaciones de aquellas mujeres con sus hombres, aunque no se centraba en detalles. Buscó durante unos minutos el libro sobre Novia, pero no lo localizó. También tenía una gran intuición, así que cesó en la búsqueda cuando sintió de forma premonitoria que alguien se aproximaba hacia ella, y optó por arrancar varias páginas de los libros, plegarlas y guardarlas en el bolsillo del mandil. Se apresuró en aquella faena, hasta que pegó un brinco cuando notó cómo alguien abría la puerta y asomaba su cabeza por ella. Reconoció pronto que aquella mujer que entraba era Yerma, con quien había hablado en muchas ocasiones, incluso desde antes de que todo su drama ocurriera, cuando acudían al arroyo en busca de agua o a lavar la ropa. La muchacha se dejó abrazar.

—¡Pero, jovenzuela! ¿Qué haces aquí sola? ¿Y tu madre?

Se encogió de hombros, como respuesta, aunque luego prefirió aclarar algo más.

—En la casa, con todas las demás. ¿Por qué vienes tan llena de polvo?

—¿Cómo está tu madre? —desvió, Yerma.

—Como siempre, bueno, como siempre conmigo. Con vosotras se lleva mejor.

Yerma se percató de que había algo oculto en ella.

—¿Qué te pasa? Venga, cuéntame. Si aquí todas hablamos de todo.

La joven retiró su mirada, dudando si avanzar en su relato. Volvió a cruzar sus ojos con los de Yerma y se lanzó a confesarle el hartazgo que tenía con su madre, pero también la huida de su pareja, su pena de sentirse desvalorizada por él, de todo el sacrificio que supuso aquella entrega personal sin recompensa alguna, ese sentimiento de que tanto cuidado y dedicación habían frenado todas sus expectativas y sus ganas de vivir. Yerma le preguntaba por qué tenía ahora esa prisa por aprender aquellos secretos que Dolores le prohibía.

—Tú eres quien más debes comprenderme. Él me ha consumido tanto que ya no creo ni en mis capacidades para ser mejor bruja que mi madre o, al menos, tan buena como ella. Ella os ayudó a todas vosotras y no es capaz de ayudarme a mí. Y ahora tengo miedo a mi futuro, a empezar de cero. Quiero hacer un conjuro para todas, para que los hombres no nos molesten más durante un tiempo.

—Pero, muchacha, deja que todo pase...

—¿Tú me dices eso? ¿Recuerdas qué final diste a tu historia?

Yerma mostró un rictus seco.

—¡No me recuerdes, que cada mañana el sol me lo trae de nuevo! Pero yo ahora quiero vivir. Tú tienes dolor, pero luego el tiempo pasa. Yo me curé aquí, hablando con ellas. La auténtica magia es escuchar y compartir con otras mujeres. Y, sobre todo, confiar en ti. Puedes ser una bruja maravillosa.

La muchacha secó, rápidamente, dos lágrimas que brotaban de sus ojos, aunque se esforzaba por contenerlas.

—¿Estás segura?

—Yo me acuerdo de ti muy bien, de cuando escapábamos al arroyo y me echabas las cartas. ¿Las tienes aquí? ¿Puedes echarlas? Quiero saber si voy a conseguir aquello para lo que esta vez he venido. Quiero saber si hoy aquí se cumplirá mi sueño.

El rostro de la muchacha se iluminó, y del bolsillo izquierdo de su mandil extrajo una baraja con ilusión. Mostró las cartas, ante la sonrisa de Yerma. Era uno de los aprendizajes que su madre sí le había enseñado desde hacía muchos años, pero sobre todo lo aprendió de una anciana con la que un día, siendo niña, se cruzó en el arroyo y a la que no volvió a ver. Con disposición, barajó las cartas y las dispuso sobre la mesa de los libros. Su respiración se paralizó mientras soltaba las dos últimas, que ya tenía temor de mostrarlas.

—¡Huy! ¿Pero qué haces aquí, Yerma? ¿Qué hacéis aquí, bravuconas? ¡Que yo venía a arreglar de nuevo el zapato de Bernarda y me encuentro con vosotras!

—¡Zapatera! ¿Otra vez te vas a poner a remendar? —comentó Yerma, jocosa, ante su presencia por sorpresa, interrumpiendo el ritual.

—¡Qué remedio! ¡A ver quién le dice que no a Bernarda, y más cuando ya coge confianza!

—¿Viene sola?

—¡Qué va! ¡Están todas! —exclamó la Zapatera—. ¡Tienes que venir, Yerma! ¡Y tú, muchacha, ven a conocerlas, que te vas a enterar de la panda de hienas que siguen siendo!

Yerma devolvió la vista hacia la joven y, con la mirada, la animó a obedecer y a acompañarlas. Y a la muchacha le pareció la mejor opción. No porque le apeteciera, sino porque era la ocasión para deshacer aquella tirada de cartas y ocultar el destino oscuro que le habían mostrado y que no quería contar.

—7—

Zapatera abrió camino para acudir a la vivienda desde la casa de los guardeses. Tras ella, Yerma avanzaba con ímpetu. La muchacha caminaba la última de todas, algo más tímida, impresionada por el jaleo que salía a través de la puerta abierta de la casa. Conforme se acercaba, aquellas voces se sentían cada vez más claras, hasta que alcanzó el comedor, donde ya era patente la algazara. La familia Bernarda Alba intercambiaba frases, algunas de cortesía y otras de curiosidad, con Rosita, Belisa y Novia. Se escuchaba con claridad cómo hablaban sobre la diferencia de temperatura con el año anterior, preguntaban a Rosita qué se había hecho para estar tan guapa, comentaban el nuevo tejido del vestido de Belisa o Bernarda se quejaba, de nuevo, de su zapato roto. Pero, sobre todo, las preguntas se dirigían a Novia.

—¡Te casas! —desveló Belisa.

—A eso vengo, a que Conjuradora haga el milagro y busque a nuestros hombres... —confesó Novia, ante las risas de todas.

—Ya veremos —respondió Conjuradora.

—¡Yerma ya está aquí! —irrumpió Zapatera, jaleando con el zapato de Bernarda al aire.

Amelia y Martirio corrieron hacia Yerma para abrazarla y rodearla, entre risas y algunas lágrimas emocionadas por el reencuentro. Durante los abrazos, Bernarda saludó con la cabeza a Yerma y dispuso una sonrisa leve. La hija de Conjuradora miraba a todas con detalle, la belleza de Novia o la austeridad de Yerma y de las hijas, vestidas de riguroso negro, como si vivieran en un luto constante. En aquel momento, se levantó un marcado silencio cuando la madre de Bernarda, Josefa, caminó directa a la muchacha, acarició su rostro y la miró con fuerza antes de hablar:

—Tu energía me hace temblar... Eres tiniebla y espíritu.

La muchacha miró asustada al resto de las mujeres, incluida su madre, que no sabían qué responder.

—¡Josefa, deje de decir bobadas, que esta muchacha es la hija de la Conjuradora! Váyase fuera, al jardín, que ha dejado usted abandonada a la oveja, ¿la recuerda? —comentaba Poncia, mientras empujaba hacia fuera a la anciana, quien al principio se quejaba entre gritos para calmarse después, en cuanto un ave se le cruzó en el jardín.

—¡Luna blanca, dónde estás! —salió, gritando.

Mientras, todas miraban en silencio a la muchacha, que asistía incómoda a aquel momento. Poncia dio dos palmadas al aire, intentando provocar un cambio de ánimo en el ambiente que barriera aquel pensamiento.

—Nosotras volvimos a nuestra casa, pero dicen que ustedes han hecho alguna que otra trastada, ¿no es así?

Belisa contuvo una sonrisa traviesa, al igual que Rosita.

—Algo hicimos. Pensaba que nadie se daría cuenta y no ha sido así...

Rosita la miró con extrañeza.

—Ocultas algo, Belisa. ¿Qué sabes tú?

—Yo sola no, media Granada y España entera. No os he contado lo que he visto antes, arriba, cuando he subido a la habitación de Federico.

—¡Pero si a la habitación de Federico no debemos ya subir! ¡Respetad su sitio! —imploró Bernarda.

—¡Cuenta! —insistió Amelia, con ganas, sin importarle la opinión de su madre.

En ese instante, Belisa extrajo de su manga unos recortes de prensa y los dispuso en la mesa del comedor uno a uno. «Las mujeres de Federico están vivas», «El fantasma de Doña Rosita la soltera», «Belisa reaparece en un teatro». Doña Rosita se quedó con la boca abierta mientras veía aquellos titulares. Ruborizada, empezó a leer los artículos con rapidez, cogiendo unos y soltando otros. Las hijas de Bernarda, la Poncia, la Criada y la Zapatera se expresaban con sorpresa y risas de incredulidad, mientras también lograban pasarse algunas noticias entre ellas. La muchacha se mantenía sentada, desorientada ante aquella conversación.

—¡Pero os dije que nadie debía saber de nuestra existencia! —alertó la Conjuradora sobrecogida.

—Mis hijas lo respetaron. Nosotras lo respetamos —se apresuró Bernarda.

—Pero algo teníamos que hacer. Ahora somos más libres —justificó Belisa.

—¡Di que sí! —manifestó la Zapatera, alegre—. Además, tampoco es que el año pasado nos fuéramos de aquí con discreción, porque dejamos esta casa manga por hombro.

Todas reconocieron la verdad de aquellas palabras. Criada se abrió paso entre el grupo en la mesa y cogió un papel, dispuesta a leer.

—¿Qué haces? —preguntó Angustias—. Tú no sabías leer bien.

—Eso es. Tú lo has dicho. «Sabía» en pasado, pero podemos cambiar y saltar los obstáculos de la vida. Eso sí, con la ayuda de buenas personas. Y doña Rosita me enseñó a leer en este tiempo —aclaró, con una sonrisa de agradecimiento a la joven.

—Además, daos cuenta de que tampoco es tan grave. Igual que existen los fantasmas entre los humanos, para nada creen que hayamos vuelto a la vida, sino que somos unos espectros que vagamos por la casa de Federico. La gente pensará que tiene visiones, nada más —puntualizó Belisa, para rebajar la tensión.

La Criada, orgullosa de su nuevo aprendizaje, sostuvo los recortes de prensa y comenzó a leer líneas de una y otra noticia en voz alta:

—«En la imprenta de calle Tejeros, donde se imprime una nueva edición de *Doña Rosita la soltera*, aparecieron hojas arrancadas del final del monólogo de la protagonista, que fueron sustituidas por una carta nueva, donde doña Rosita se despedía de su primo. Todo apunta a que la propia protagonista quería cambiar su historia», escribe aquí el periodista. A ver esta otra —decía, mientras soltaba uno para coger un nuevo recorte—. «En la escuela de calle Sagunto, las alumnas reconocieron haber visto en la biblioteca una sombra y haber escuchado la voz de

una mujer decir: "Sed libres, no esperéis a nadie nunca". Las alumnas indicaron que ese mensaje provenía del interior del libro de *Doña Rosita la soltera*»... Y... a ver esta otra noticia... «En la obra de teatro *Amor de don Perlimplín con Belisa en su jardín*, un espectro invisible irrumpió en el escenario quitando el disfraz del protagonista de la obra antes de tiempo. "Yo sentí que la voz de una mujer me pedía que dijera en voz alta: 'No más engaños a las mujeres', pero estaba muerta de miedo", confesó una de las actrices. "Desde hace días, notábamos en los ensayos unas situaciones extrañas, objetos que se movían, frases tachadas del guion...", puntualizó el director de la obra.»

—¿Pero cómo se os ha ocurrido hacer eso? —exclamó Angustias.

—¡Qué dices, hermana! ¡Es una pasada! —interrumpió Amelia.

—Si queremos que las cosas cambien, que se empiece por cambiar un poco nuestros libros, ¿no? —justificó Belisa.

—¡Sois bravas! ¡Sois la caña! —explotó Amelia, alucinada, entre carcajadas—. ¡La próxima, me llamáis!

—¡Esa boca, hija! —se apresuró Bernarda—. ¿Dónde has aprendido ese vocabulario tan extraño?

Amelia explotó en otra carcajada.

—¡No lo diré, madre, no lo diré!

—Esto hará que hablen aún peor de todas nosotras —denunció Bernarda.

—Eso es nada para lo que dijeron de mí —señaló Novia, provocando un silencio cortante—. Si mi huida la hubiese protagonizado un hombre, otro gallo hubiese cantado. Pero era yo, una mujer joven. Ahí sí ocupé todas las portadas con mi retrato y los chascarrillos de los periódicos que se repetían a voces.

—Rara vez salimos en prensa ni aunque nos maten. La justicia del pueblo no es igual para todos —matizó la Criada, quien tras unos segundos retomó la lectura con un nuevo recorte de prensa en su mano derecha, mientras levantaba la izquierda para centrar de nuevo la atención—. Escuchadme, esto es importante. Aquí dice el periodista: «Juanjo, el conservador de la Huerta de San Vicente, aseguró que, a su llegada, todo estaba desordenado, que había una especie de hoguera en el jardín y el baúl de la entrada arrastrado al salón del piano».

—¿No dice nada de la familia Bernarda Alba, ¿verdad? Menos mal que nosotras no aparecemos.

—Calle, que no he acabado. Termino de leer la frase de Juanjo: «e incluso creo que vi a una oveja saltar por aquel seto de allí».

—¡Ay, que Dios nos salve de esta y que nadie identifique esa oveja de mi madre! —exclamó Bernarda, persignándose sofocada.

—Menudo revuelo montamos. Como ahora dirían... la abuela la ha *liao parda* —añadió Amelia, descuidada.

Angustias, Martirio, Magdalena, Belisa y Yerma irrumpieron entre risas ante aquella expresión totalmente nueva para ellas.

—¿De dónde sacas esas palabrejas? No te eduqué así —volvió a cuestionar Bernarda a su hija, que no respondió e hizo que todas se sumaran a una tormenta de carcajadas.

Poncia interrumpió para preguntar cuántas de ellas querían limonada, para recordar viejos tiempos, mientras Criada aprovechó la ocasión para guardarse con disimulo uno de los recortes de prensa que solo llegó a leer ella y que le cortó la respiración. Sin saber que Dolores no despegaba los ojos de ella.

—8—

Bernarda controlaba en la distancia a su madre, que, como el año anterior, disfrutaba del entorno como una niña pequeña. Había algo en la ancianidad que retraía a la inocencia y la curiosidad de los primeros años de la vida, cuando ver volar un pájaro o caminar descalza era distinto. Su madre disfrutaba intensamente de cada momento, mientras que ella, con menos edad, era incapaz de centrarse en el valor de aquellas pequeñas cosas. Cuando Josefa empezó de nuevo a trepar por uno de los árboles, recordó aquel momento de verdad y lucidez que su madre le había desvelado sobre su vida. Habían pasado muchos días para digerir aquella realidad que hubiese preferido no saber nunca y que no podía compartir. La impresión casi nauseabunda que le devolvía el hecho de ser hija de una violación le hacía sentirse sucia consigo misma y que aquella raíz la arrastraba a una condición que no quería asumir. Esa historia le pesaba una tonelada sobre su pecho. Sabía que se la llevaría a la tumba. Perdida en aquellas ideas aún, había dejado de observar a su madre y buscaba refugio en la parte trasera de la casa. Despertó de aquel estado cuando se encontró con Yerma, muy cerca de donde se vieron la primera vez. Yerma le sonrió y pareció vaticinar que Bernarda y ella estaban pensando en cuánto habían cambiado.

—No sabía si venir aquí o no.

—A veces hay que volver para...

—¿Revivir? —preguntó Yerma.

—A veces hay que volver para hacer memoria y ponernos frente al espejo del pasado —sentenció Bernarda.

Yerma deslizó una sonrisa de agradecimiento mientras miraba la zona donde justo el año anterior se había refugiado.

—Yo me quedé aquí, tirada en el suelo. Era como un papel arrugado, como una hoja caída de un árbol... —evocaba, a la vez que levantaba la cabeza hacia Bernarda y sostenía unos minutos de silencio—. Gracias.

Bernarda la miró con extrañeza.

—¿Por?

—Usted fue la primera que vino. Y me habló de la maternidad. A veces, una palabra o una conversación te rescatan.

—Todas arrastramos una historia —dijo Bernarda—. El pasado siempre persigue.

—Pero las historias hay que dejarlas atrás para avanzar también. —Yerma empezó a andar para alejarse del lugar lentamente y emprender otro camino nuevo, dejando atrás aquel pasado, y poder hablar con ella—. ¿Y cómo ha sido este año de maternidad, Bernarda?

Se hizo un silencio que Yerma no sabía si terminaría en un rechazo de ella o en una pausa para digerir la pregunta.

—Es aún impredecible. No hay libro que revele los secretos de la maternidad.

—¿Hay más o menos distancia? Con sus hijas, me refiero.

Bernarda hizo un gesto indefinido, que mostraba su falta de certeza sobre qué responder.

—Depende de cada una. Algunas se acercan y otras...

—¿Se sabe algo de Adela?

Una inspiración muy profunda representó la primera respuesta de Bernarda. Su expresión corporal evidenció que Adela y su suicidio seguían ahí, escociendo nada más ser nombrada.

—No —respondió, fijando su vista a un punto perdido.

—Yo pensaba que esa magia habría hecho que Adela estuviese aquí y se quedara. Que no se fuera más y volviera con vosotras.

—Hay un cordón umbilical invisible con los hijos que, aunque lo rompan o ellos mueran, permanece. Adela está.

Yerma aceptó aquella respuesta, aunque a ella también le resentía aún reflexionar sobre su propia maternidad. Ahora sabía que podía seguir viviendo sin ser madre, pero era demasiado reciente, y ese cordón umbilical que le había recordado Bernarda le había atravesado el corazón.

—Creo que, si fuera sincera conmigo misma, defraudaría al resto de las compañeras. —Bernarda le mostró un gesto dubitativo, con el que comprendió que debía explicarse—. Defraudaría si dijera que a ratos siento la maternidad como una llama arder, aquí dentro, que me quiere arrastrar... Yo lucho, lucho con ella, y la soplo para que se apague, pero a veces prende.

—El fuego solo se apaga si viene una buena lluvia.

—¿Sabe lo que fue aprender nanas que nunca le pude cantar? ¿Tejer ropa que nunca se puso?

—Algo sé. Un ajuar esperaba a mi hija Adela. Mi vestido de novia era para ella.

Yerma resopló, reconociendo que la experiencia de Bernarda era más dura que la suya. Sin haber visto la cara de su bebé, se percató de que ella lloraba o se afligía por una vida que no había llegado nunca. En cambio, Bernarda estaba allí tras haber visto a una hija crecer desde la cuna hasta que caminó sola. Con unos ojos reales donde mirarla y con unos planes por vivir. Y sin una enfermedad que la llevara a morir, sino su propia voluntad o la presión de su propia madre, algo que nunca se perdonaría.

—La vida es arrastrar con nuestros pecados. Y con nuestro peso por ser mujeres.

— Pero no aprendemos. Mira la boda de Novia. Mis niñas se entusiasman con una boda que ni es suya. Cuando una boda es una tumba.

—Una desgracia. Mi boda fue una desgracia —apuntó Yerma—. Pero sé que se debió a que era el hombre equivocado.

—¿Quién mandaría casarnos? Puede que esta fe que sostengo haya sido solo un refugio y no una solución. No debería cuestionar el orden divino, pero no es de justicia que todo caiga sobre nosotras. El matrimonio es un invento que doblega nuestros impulsos y deseos de vida.

—Pero necesario.

—¿A qué precio? —replicó Bernarda—. Eso no quita la otra parte de la historia.

—¿Cuál?

—Las mujeres solo hemos podido ser por mucho tiempo o santas esposas y madres o, sin él, unas repudiadas e indigentes, unas meretrices o rameras, condenadas a no ser.

—No había alternativa. Había que casarse sí o sí.

—Aunque fuéramos infelices y agriara nuestro interior. Tener lista la casa para cuando ellos volvieran del campo después de extraer la caña de azúcar, y tener a las niñas o los niños callados. Obedecer las reglas. Fuimos concertadas, con un hombre impuesto. Porque así éramos buenas mujeres.

—Matrimonio sí o sí —resumió Yerma.

Bernarda la miró y concluyó:

—Matrimonio y ser mujer. No nos dejaron otra opción.

—9—

Rosita anduvo durante un rato, a solas, por el jardín. Mientras acariciaba un árbol de Júpiter, la voz de su tío le venía a la memoria. Se abrazaba a sí misma para intentar tomar algo de calor ante aquel frío del pasado que se calaba entre los huesos. Le sorprendía ver tanto cambio alrededor de aquella casa que, de ser blanca y luminosa, hoy parecía más gris y apagada. Todo lo contrario que su propio ánimo. Llevaba esperando todo este año para demostrar que era una mujer nueva, pero sobre todo para demostrárselo a sí misma. Tenía que creérselo y no dudar. A veces, algunos días, cuando se levantaba o se dormía, ya no pensaba en su primo. Aunque aún había momentos en los que era inevitable. Cuando una persona marca de forma tan profunda parte del destino de tu vida, es difícil desprenderse de ella. En esta ocasión sabía que aquella cita estaría lejos de lo que vivieron el año anterior, pero era una forma de verse cara a cara y de comprobar, mirándose a los ojos cada una, si habían conseguido vivir ese proceso de igual manera. Se encontraba fuerte, pero los días como aquel, más plomizos, la sumergían en un viaje de melancolía que se extendía incluso sobre sí misma. Una mariposa negra se cruzó en su camino. Extrañada, quiso seguir la ruta del insecto, hasta que escuchar su nombre en boca de Criada la paró en seco.

—¡Rosita! ¿Puedes venir a ayudarme con estos limones?

La joven se alejó del arbusto donde se había detenido y obedeció. Se situó a su lado y, de inmediato, Criada tiró de su brazo para esconderla tras el árbol.

—¿Qué pasa, María? Me asustas.

—Más asustada estoy yo —replicó—. No quiero que nos vea nadie. Baja la voz. ¿Me guardas un secreto?

La joven quedó extrañada ante la situación.

—Sabes que sí.

—Bueno, quizás no lo es y me equivoco. Sabes que te agradezco que me hayas enseñado a leer en este tiempo, pero a veces dudo de mí, de si leo bien. —Criada sacó de la manga de su vestido el recorte de prensa que antes había guardado y lo desplegó—. Hay una parte del artículo que no he leído en voz alta porque no me atrevía. Aquí dice... «El conservador de la casa no daba crédito a que Federico hubiese vuelto a la vida y que hubiera dejado escrita una obra titulada *Mujeres libres*». Es así, ¿no?

Rosita la había acompañado en su lectura, letra a letra, para comprobar que no había lugar a equívocos. Aquel descubrimiento produjo un silencio en la joven, quien le retiró el papel a Criada para leerlo una vez más.

—Es cierto. Yo no he querido tocarlo, pero lo he visto cuando he subido antes a la habitación —confesó Belisa, quien había permanecido oculta bajo otro árbol—. Está ahí arriba.

Por un instante, se quedaron paralizadas ante la simple idea de que aquellas *Mujeres libres* fueran ellas mismas. Porque eso significaba que había una parte de su historia que estaba sin descubrir. La incertidumbre se adivinaba en sus rostros, y no sabían qué hacer. Se miraron entre todas, casi intercambiándose una intuición compartida, y desde allí, convencidas, acordaron ir en su busca. Pero no querían causar revuelo ni sobresaltos. Manteniendo una prudente distancia, comenzaron a subir la escalera, por separado, hasta la habitación de Federico, mientras las hermanas Bernarda Alba, con su madre y Poncia, se entretenían recogiendo limones. A los pocos minutos, las tres estaban allí, tras la puerta del dormitorio, en el rellano de acceso. Rosita inspiró con fuerza antes de abrir aquel espacio que casi consideraban sagrado. Incluso ella, dubitativa, albergaba en su interior la necesidad o incluso la creencia mágica de que, quizás, Federico estaría tras aquella puerta.

Con cuidado, Rosita comenzó a abrir lentamente hasta hacerlo por completo. La habitación tenía una luz apagada, gris, la misma que el día. Todo estaba en la misma disposición que el año anterior, salvo una cosa. Rosita avanzó, seguida de Belisa y Criada, unos cinco pasos y se situó justo al lado del escritorio. Sobre él descansaba el manuscrito con la letra de Federico titulado: *Mujeres libres.* Sabían con certeza que era su letra. Todas la recordaban a la perfección, porque ellas mismas habían sostenido entre sus manos aquellos papeles de la obra de teatro que interpretaron antes de su marcha hacía un año. Tenían el pálpito de que quizás, en aquellas hojas, hubiese escrito una nueva etapa de sus vidas. Rosita revisó las páginas e intuyó que faltaban unas cuantas. Fue hasta el final del texto para comprobar la certeza de la premonición que la rondaba.

—La obra no está acabada y faltan unas cuantas hojas. Están enumeradas y no están todas las páginas —confirmó.

—Pues no la toques —ordenó Conjuradora, quien sintió la necesidad de dar explicaciones tras la extraña mirada que Rosita le ofreció, sorprendida por su presencia—. Es una obra inacabada y el único poder reside en el autor. Recordad, somos personajes de unos libros. Tengo una intuición extraña desde que puse un pie aquí. ¿No os ocurre también? —confesó la Conjuradora, preocupada.

—Y tan extraña. Si nada más llegar Zapatera escuchó un caballo —matizó Belisa, provocando que el cuerpo de Rosita se encogiera con un escalofrío—. Las huellas están a poca distancia de aquí.

—¿Escuchasteis un caballo? —preguntó Novia elevando la voz, que escuchaba a escondidas desde las escaleras. Ascendió a toda prisa, con el corazón galopando hasta llegar a la entrada del dormitorio. Interpretó que el silencio y aquellas miradas inquietas le confirmaban su duda.

—¿Pero y si este manuscrito no es la historia de otras mujeres? ¿Y si esta historia es nuestra? —compartió Rosita, ya en voz alta.

—Lo malo no es eso. Es que las historias inacabadas, sin cerrar, pueden ser una puerta de entrada a fuerzas ocultas y oscuras. Si accedo al deseo de Novia de buscar a su hombre, tal vez ponga en riesgo la vida de todas.

—Entonces, ¿cuál es la solución?

—Federico —sentenció Dolores.

LA ROSA ROSA

— *1* —

Las burbujas empezaron a agitarse por el hervor del fuego. El agua entraba ya en ebullición, mientras Poncia agitaba el soplillo. Bernarda estaba sentada en la mesa de la cocina, junto con la Criada, que cortaba y estrujaba limones. Aquel instante le trajo a la mente cuando, hacía justo un año, estaban en la misma situación. La diferencia era que esta vez el vapor y calor del agua eran incluso agradables ante aquella humedad. Por la ventana no entraba la luminosidad del agosto anterior. El día no levantaba y eso provocaba que el ambiente se cargara y se hiciera cada vez más pesado.

—No sé por qué has puesto ya a hervir agua —apuntó Bernarda, que echaba sus nervios por la situación en extender una y otra vez el mantel de la cocina.

—Mujer precavida vale por dos —respondió Poncia, cortante, a la vez que volcaba el agua caliente en una de las ollas.

—Opino igual que la señora. La Conjuradora no ha dado indicaciones —se sumó Criada.

Poncia suspiró antes de responder y volver a echar más agua en la olla de la hornilla.

—Os recuerdo que tras esa puerta, en el salón, tenemos a la Conjuradora encerrada, junto al piano de Federico, intentando hablar con el más allá.

—¡Calla, Poncia, que se enteran las niñas! —respondió Bernarda, mientras se incorporaba con prisas para cerrar el pasaplatos que conectaba la cocina con el comedor, donde estaban sus hijas—. No quiero que lo sepan aún.

—Pues no me provoque, señora. Yo no soy bruja, pero tengo mucha intuición. Y sé que, más pronto que tarde, Dolores me pedirá agua hirviendo para algún conjuro, de nuevo. La historia siempre se repite.

Poncia volvió a su quehacer, sin dar más importancia a los prejuicios de Bernarda o Criada. Angustias apareció por sorpresa en la cocina. Tras el cierre del pasaplatos, las hermanas se habían quedado inquietas en el comedor. Angustias dudaba de si aquel gesto de su madre escondía algo más y acudió con premura hasta ellas.

—¿Está ya lista la limonada? —preguntó como excusa, mientras se fijaba en los rostros y en qué hacía cada una.

—No —respondió Bernarda, seca, ante una Criada que se quedó con la boca abierta, dispuesta a responder—. Sé que no vienes por la limonada. Ve con tus hermanas.

—Ha cerrado el pasaplatos por algo, madre. Hay cosas que no encajan. Poncia está calentando agua, cuando es media mañana. Y hemos visto a la Conjuradora entrar ahí dentro. Y yo soy la mayor de las hermanas. Merezco saber qué ocultáis.

—Angustias, deja de preguntar —ordenó Bernarda.

—Ya has escuchado a tu madre, Angustias... —advirtió Poncia, a la vez que lanzaba una mirada fulminante y hacía con la cabeza un brusco gesto para indicar que se marchara.

Angustias resistió unos segundos, pero sabía que no ganaba en aquella partida. Cuando la hija se alejó a regañadientes, Poncia aprovechó para recriminar a Bernarda por tratar aún a sus hijas como si fueran pequeñas. Pero Bernarda no escuchaba. La voz de Poncia resonaba entre aquellas paredes, pero apenas en sus oídos. Estaba inquieta, pero no por Angustias, Amelia, Magdalena o Martirio. Desde la silla de la cocina, no retiraba la vista de la puerta del salón, por si la Conjuradora daba alguna noticia. Su cabeza la tentaba a pensar qué estaría haciendo detrás de aquellas paredes. Le ponía nerviosa la idea de que, quizás de nuevo, estaba ya en contacto con personas del más allá. A lo mejor, con Adela. Aquella creencia estremecía a Bernarda, de nuevo. Y, a la vez, no dejaba de dar vueltas a cómo se habían precipitado los últimos acontecimientos, sin estar

previstos. No pensó que volvería a sonar el nombre de Federico entre aquellas paredes. Y lo que más le inquietaba era cómo había sucedido todo. Porque aquel manuscrito solo lo habían descubierto Rosita, Belisa, Criada y Conjuradora, que había llegado por sorpresa a la habitación. Desconocía qué habían hablado entre ellas y eso la removía por dentro. El no saber le generaba mayor zozobra y más preguntas. Después, Poncia, buscando a Criada, por casualidad, llegó en el momento en que Dolores pronunció el nombre de Federico. Y fue ahí cuando Poncia se lo comunicó a la señora. Bernarda retiró por unos segundos la vista de aquella puerta del salón, que hubiese deseado traspasar con la mirada, para centrarse en Criada, que acababa de empezar a hablar.

—Estos limones han cambiado este año. Son mucho más amargos... —comentó, mientras saboreaba uno de los que acababa de cortar—. ¿Son todos del mismo limonero? Por probar los de otro...

—Sí, son del limonero de la entrada —matizó Poncia—. Y si no, buscamos algo para endulzar.

—Criada, ¿por qué no dijiste nada? —lanzó Bernarda, ante una mirada aturdida de María—. Conmigo no te hagas la despistada. ¿Por qué no dijiste nada cuando leíste la noticia del periódico, con todas nosotras delante, y guardaste el secreto?

—No estaba segura de lo que había leído y quería comentarlo con Rosita.

—Podías haber preguntado, aún soy la que te paga —subrayó Bernarda, a la vez que sacaba de su manga el abanico de Adela y lo agitaba con fuerza.

—No todo es dinero en esta vida, señora —sostuvo Criada, levantándose de su asiento y dando un golpe con el cuchillo en la mesa—. Usted me paga solo por estas manos a su servicio, pero no podrá comprar nunca mis sentimientos ni mi corazón hacia usted. Y pronto, espero, no podrá pagarme ni con lo primero, porque me iré a una biblioteca. Y aunque usted haya cambiado, me queda mucho pasado a mis espaldas. Yo perdono, puede ser, pero no olvido.

Criada se levantó y abandonó la cocina. Poncia preguntó a gritos hacia dónde iba, y se escuchó, de lejos, la voz seca de Criada decir que a ella no le importaba. Poncia suspiró y miró a Bernarda, con la respiración más agitada. Sabía que, en otro tiempo, Bernarda estaría hecha un basilisco y habría incluso pegado a Criada con su bastón. Pero ya no tenía bastón, ni la misma autoridad que antes, y eso la obligaba a morderse la lengua más de lo debido. Después del año pasado, en cierta manera, había recuperado a una parte de sus hijas que estaba ya muy lejana, y no quería dinamitar los pequeños puentes que se habían construido. Ni con sus hijas, ni con nadie de la casa. Y había entendido que sobre Criada ya no podía tener ningún control. Poncia observó cómo Bernarda se levantó de la silla y caminó los cuatro metros de distancia que había hasta la pared que la separaba del salón principal. Puso el oído sobre aquel muro, cerró los ojos y guardó silencio. Hizo un esfuerzo por abstraerse de otros sonidos, como el del agua en ebullición, el soplillo que Poncia movía para aventar el fuego o el de su propia respiración agitada. Pero ni por esas pudo escuchar nada, ni siquiera sentir algunas energías diferentes. Parecía que no había nadie al otro lado.

Regresó a la cocina y se sentó de nuevo, intentando calmarse y que el tiempo pasara para obtener alguna respuesta. Parecía casi derrotada por no poder dominar las circunstancias. Pronto recapacitó, dio unos pasos tímidos hacia el pasaplatos, lo abrió y comprobó que sus hijas estaban calladas, distraídas.

– ¿Puede dejar de controlarlo todo, señora? –comentó Poncia, mirando por el rabillo del ojo y con un tono burlón.

– Deja de controlarme tú a mí –devolvió Bernarda, mientras se sentaba de nuevo en la silla.

–Lo seguiré haciendo mientras no deje de fisgonear a sus hijas, a Criada, a mí, a la Conjuradora. Relájese y deje vivir a las demás. Quizá a sus hijas las pueda seguir controlando de cierta forma, pero a Criada ya le digo que no. No la conoce bien.

–La conozco. Mejor de lo que imaginas. Era la amante de mi Antonio María Benavides.

Poncia abrió los ojos, sorprendida por la revelación.

–¿Por qué nunca le dijo nada? Era su marido.

–Porque si él estaba entretenido con ella, me dejaba en paz.

–¿Tal mal se llevaba usted con el señor? Siempre huían del afecto, pero...

—No era eso. Era otra cosa.

—¿El qué? Hable, Bernarda. ¡Suelte eso que tiene dentro y que le amarga la cara!

—Tú no puedes comprenderme. Has sido feliz con tu marido. Has deseado. Yo no.

—No lo he deseado siempre, por si le interesa saberlo. Pero usted siga así, como siempre, guardando silencio.

—Como debe ser. El silencio, a veces, salva —sentenció Bernarda.

Poncia volvió a su hornilla, a volcar más agua en la olla. Se concentró en cada paso de aquel proceso hasta que el agua rompió a hervir, pensando que dentro de Bernarda existía también una especie de ebullición de todos sus silencios que, algún día, explotarían. Tras meditarlo, se giró hacia ella con decisión.

—Una cosa le diré. Cuando veníamos para acá usted me ordenó silencio cuando le pregunté por Adela. ¿Pues sabe qué le digo? Que hay silencios que lo dicen todo. Y algunos no salvan, son una tumba. Como los suyos. No crea que con su silencio puede contenerlo todo.

—2—

Novia estaba inquieta por la situación. Las palabras de Conjuradora le habían dejado el cuerpo entre el temblor y la emoción. Se había alejado de las demás para acercarse a ver las huellas de aquel caballo a unos metros de la casa. Cuando vio la herradura, tuvo que inspirar con fuerza. Tenía la intuición de que era él. No podía quitar de su cabeza la confesión de aquellas mujeres en el dormitorio de Federico. Cuando las localizó, el corazón palpitaba con fuerza. No sabía si aquellas sensaciones eran ciertas o imaginaciones en su mente, donde la fantasía de volver a ver a Leonardo era tan intensa como indomable. Se arrodilló en el suelo y olfateó la tierra, a la vez que la tocaba, por si volvía a ella el olor de aquel caballo que abrazó aquel día. O por si el aroma de su piel, imposible de olvidar en aquella noche en la que escapó, seguía siendo el mismo y tan inconfundible.

—Te vas a manchar el vestido y, si viene Leonardo, no estarás presentable —reveló Yerma, que la observaba tras los árboles, preocupada por ella.

Novia hizo el ademán de incorporarse, pero, casi derrotada, se dejó caer al completo en el suelo. No tenía las respuestas que necesitaba y temía no conseguir nada de aquel viaje en esta ocasión. La desesperanza la invadió. Yerma la acompañó y se sentó a su lado. Guardó silencio con ella un largo rato, dispuesta a demostrarle que no quería juzgarla, sino hacerle compañía y que no tuviera dudas de que estaría con ella. Pero, tras unos minutos, tenía que preguntarle qué pensaba hacer porque su destino estaba unido al de ella.

—¿No le vas a contar más detalles a la Conjuradora?

—Creo que voy a subir en un descuido a la habitación, por si en esa historia se cuenta algo de Leonardo o mío...

—¡Pero no puedes hacerlo! —advirtió Yerma—. Tenemos que tener cuidado, ya lo dijo Dolores.

—¿Y qué hacemos? ¿Esperamos de nuevo a la noche por si Federico vuelve? ¿Qué pasa con mi boda? Ahora no me va a dejar hacer un nuevo conjuro.

—No te adelantes.

— Yerma, me da miedo que le haya pasado algo. O que haya venido aquí y me vaya sin él. Y, sobre todo, tengo miedo de mirar a la Conjuradora a la cara y que me diga que, en esta situación, no hay nada que hacer ni nadie a quien poder llamar. Me da miedo que, cuando más he pensado en tener otra vida, que casi he acariciado con la punta de mis dedos, todo se ha derrumbado. Y eso me aterra. No podemos no tener ilusiones, amiga —confesó, con una voz apagada que, de pronto, se mostró esperanzada—. ¡Ya lo tengo! Dolores no te abandonó nunca, te conoce muy bien, y tú a ella. Pregúntale por mí, por favor. Intenta saber qué ocurre.

—No puedo.

—Por favor...

Yerma negaba una y otra vez con la cabeza.

—No insistas, Novia.

—Ve tú primera. Luego, iré yo.

—Yo estoy tan asustada como tú. Mi ilusión depende de la tuya. Solo le iba a pedir a Dolores lo de Víctor, si ella traía a tu Leonardo antes. Mis deseos se han esfumado ya. Porque si tú lo tienes complicado, yo, peor.

—No tiene por qué.

—Sí lo tiene, porque Dolores me protege demasiado y no permitirá que abra de nuevo aquellas páginas de mi vida, y aun menos en esta situación tan delicada. Ella ni siquiera se imagina lo que vuelvo a sentir por Víctor. Quien no puede perder las esperanzas eres tú, Novia, porque todas sabemos ya lo que sentías, sabemos que Leonardo vino a verte hace un año y quizás esas huellas sean de él. Tienes más señales que yo.

Novia cogió la herradura, removió con la punta de los dedos aquellas huellas y sacudió sus manos sobre el vestido, que se manchó del tono rojizo de la tierra, casi como si fuera sangre.

—¿Cómo crees que serán nuestros hombres hoy? Si nosotras hemos podido conocernos, quizás ellos también. Y si hemos cambiado aquí, quizás ellos también lo hagan. ¿Será Leonardo igual? A veces tengo miedo de volver a verlo y que me diga no, que me diga que lo ha pensado mejor y que lo que hicimos fue arriesgado. Quizás ya todo es pasado y nos estamos aferrando a una ilusión.

De pronto, las dos sintieron que las ramas de unos árboles se agitaban de más. Tras ellas apareció Belisa con las manos a la espalda, ocultando algo.

—¡Estáis aquí! Novia, te buscaba. Quería entregarte esto. —Belisa desplegó ante sus ojos lo que escondía, mostrando un ramo frondoso. Se sentó a su lado y comprobó que Novia se emocionó no solo por las flores, sino también por la nueva corona de lirios blancos que le entregaba—. Quería regalarte esto por tu enlace.

—Pero quizás no hay boda.

—¿Quién ha dicho eso? —cuestionó Belisa, con un tono de voz cálido, para animarla, a la vez que le colocaba la corona—. ¡Hay boda como yo me llamo Belisa!

—Son preciosos los lirios blancos —puntualizó Yerma, emocionada.

—Es la flor que conecta con los difuntos, con el más allá. Los representa. Me lo contó Rosita. Así que el aroma de estas flores viajará hasta donde está él y lo traerá. No lo dudes.

—¿Y si no sucede?

La insistencia de Novia, dejó sin más palabras a Belisa y a Yerma, que se sintieron aliviadas en cuanto Zapatera irrumpió con Amelia.

—Pues tampoco pasa nada. Montamos una fiesta por nosotras mismas y chimpún. ¿O acaso dependemos de ellos? —recriminó Zapatera.

—Nosotras tenemos ilusión —confesó Amelia—. De hecho, estoy loca de contenta porque, si hay boda, quizás sea el momento apropiado para buscar unas telas blancas en esa casa y romper este maldito luto que llevamos.

—¡No se hable más! Podemos mirar en la buhardilla de Federico, con su permiso, para ver qué nos ponemos en caso de boda y, si no la hay, brindamos por nosotras. Eso sí, no me voy a poner a coser para todas ni a remendar zapatos, ¡advierto!

Rieron por el remate de Zapatera y se levantaron de aquel terreno rojizo hasta adentrarse en el camino de regreso a casa, mientras una brisa empezaba a ocultar las huellas de aquel caballo bajo la tierra roja.

—3—

Conjuradora se levantó del asiento del piano de Federico sin éxito. Por más que intentaba conectar con el más allá, no lo conseguía. Quizás era porque ni de lejos estaba previsto. Era como si careciera de la fuerza de antaño. No sabía si aquella falta de conexión se debía a que algo se escapaba a su control o a que estaba desconcentrada y agotada de los últimos días. Decidió ir hacia la ventana.

Descansó su cabeza sobre el cristal, por si aquella perspectiva la relajaba un poco. Aunque no consiguiera nada entre aquellas cuatro paredes, necesitaba estar sola. Sin nadie. Con ella misma. Había comprendido, cada vez más, con el paso del

tiempo, que podía abrazar y elegir la soledad sin que significara nada turbio para ella, sino un momento para reflexionar, donde intentar dejar la mente en blanco y que el tiempo pasara.

Ante ella, sin que se diera cuenta, pasó su hija, distraída con las diferentes especies de plantas y árboles del jardín. En el fondo, le recordaba a ella misma de joven, cuando quería aprender sin parar, cuando revisaba de los libros hasta las letras más pequeñas, estudiaba las pócimas y especies vegetales o animales o cuando tenía la capacidad de transformar cada segundo en una oportunidad de aprendizaje. Ahora, a ella, que ya pensaba que lo sabía todo, le faltaba esa ilusión de los comienzos. Si en esta ocasión, igual que el año anterior, se había aferrado a ese viaje de encuentro entre mujeres era justo por eso; porque le devolvió una motivación por aprender y descubrir, cuando ya pensaba que nada sorprendente ocurriría en una vida llena siempre de los mismos reclamos: hechizos de amor, de dinero o de salud. Poco más. La gente se conformaba con eso. Pero aquellas mujeres la pusieron frente a otro espejo, el de la necesidad de liberarse de un pasado violento para ser independientes, quererse y empezar desde cero.

Estudió cada uno de los movimientos de su hija tras la ventana, identificando que aquellos gestos contenían mucho de ella misma. Eran su propio reflejo de hacía unos años y, en cierta manera, sentía orgullo de haberla tenido y de haberla criado sola a pesar de ser la comidilla de los comentarios malintencionados de mucha gente. Ante sus ojos pasó toda la vida de la pequeña convertida en la mujer que tenía delante, hasta que la vio arrancar una naranja del árbol antes de alejarse y adentrarse en el bosque.

A pesar de ser bruja, y de que entre ellas dos las energías las conectaban muchas veces, se juró a sí misma nunca entrar en la mente de su hija. Le hubiese encantado saber qué pensaba en aquel momento, qué diría de su propia madre en sus adentros, qué planes tenía y qué había detrás de todo ese silencio y ese enfado hacia ella. Aun así, las madres saben esas cosas. Incluso las que no son brujas, reconocía, tienen una capacidad de adivinar más allá solo con mirar los ojos de sus criaturas. Saben cuándo mienten y cuándo dicen la verdad. Saben cuándo son felices y cuándo no lo son. Y ahora, sin necesidad de iniciar ningún proceso adivinatorio, sabía que su hija no lo era y la sentía más lejana que nunca. Quizás porque, aunque para ser bruja conocía cientos de manuales y de aprendizajes clandestinos, nunca encontró un conjuro sobre la maternidad. Y sentía que mientras su camino profesional estaba plagado de éxitos, en su papel como madre había cometido errores sin ni siquiera saberlo.

Ahora se culpaba de haberla comprometido con aquel joven al que nunca llegó a amar. Pensó que para evitar los comentarios mezquinos y sucios que ella misma sufrió en sus comienzos en el pueblo, soltera y sin marido, sería una solución. Incluso decidió educar ella misma a su hija, que no podía ir a la escuela, porque decían de ella que era hija del demonio. No quería que la muchacha pasara por lo mismo. Asumía ahora, como error de madre, haber proyectado sus deseos, lo que hubiese querido para sí, sobre su hija. Hizo mal. Era su vida, y solo ella podría haber elegido. Pero en esa época, una mujer sin hombre siempre era tachada de golfa y convertida en una excluida social. Sabía bien que su hija se esforzó en querer y cuidar a su pareja, también para agradar a su madre, aunque eso a la joven la rebelaba a ratos. Admiraba y le entristecía a partes iguales cómo su hija, a pesar de que accedió al casamiento para contentar a su madre, nunca cesó de mostrar su disconformidad con aquella regla social y se enfrentaba a la moral de la época. Y comprobó, como segundo error, que haberla emparejado con un hombre que no la quería había llevado a aquella situación: que él no la respetara y se marchara con otra. Justo por eso ahora no quería enseñar a su hija las artes más cercanas a la magia oscura. Porque cuando hay un dolor hondo, esa magia se puede volver en su propia contra, y no deseaba cargarla de más responsabilidades y daños.

Inmersa en aquella nube de pensamientos, ver pasar a la madre de Bernarda danzando ante ella le hizo poner los pies en el suelo, volver sobre sí misma. En este año no había dejado de pensar que, al final, ella fue la única que no se liberó en aquella noche que todas compartieron hacía un año. Había absorbido el dolor de las demás, sus historias, lo más turbio de sus almas, para que iniciaran una catarsis que les permitiera renacer. Pero nadie hizo un hechizo para ella, para curar sus heridas del pasado, que también las tenía. Pero qué hacer cuando todo el mundo confía sus esperanzas en ti y no puedes fracasar. Ese depositar tu valía en las palabras de los demás le había hecho incluso fallar a los suyos, a su hija en este caso. Tampoco parecía que ninguna de ellas se hubiese percatado de esa necesidad.

Ahora se encontraba en la misma situación: no podía pensar en ella, sino en las demás. Fuera de esas paredes, aquellas mujeres esperaban una nueva respuesta que las sacara de tanta incertidumbre. Y era cierto que, en aquel nuevo camino de ida, todo era tan diferente que le había resultado extraño nada más llegar.

Sintió unos golpes en la puerta y esperó a que se repitieran. Había dado orden de que nadie la molestara, aunque, ante su incapacidad de conectar con el más allá, agradeció que algo o alguien interrumpiera aquel momento. Tras la puerta, apareció el rostro de Bernarda. Conjuradora sostuvo su mirada, esperando que dijera alguna palabra.

—Solo venía para comprobar si estaba bien —añadió.

Dolores mantuvo aquella mirada y, lejos de interpretarla como una excusa, recibió una vibración de que Bernarda, en realidad, se preocupaba por ella. Estaba tan poco acostumbrada a que alguien lo hiciera, que se sintió aliviada.

—Supongo que sí —le respondió, indecisa—. No consigo concentrarme.

—Preocupaciones de madre, ¿verdad?

Conjuradora sintió que Bernarda había dado en la diana de su malestar.

—Algo hay de ello —confesó aliviada.

Bernarda cerró la puerta antes de seguir, con la intención de que nadie de la casa pudiera escuchar aquella conversación.

—Las madres repudiadas por sus hijas notamos rápidamente cuando eso le ocurre a otra mujer.

—Ella no me perdona.

—Las mías tampoco. Lo veo en sus ojos. Por mucha hechicería que usted haga, hay un poso de dolor en cada una de mis hijas que les impedirá perdonarme por completo. Y cada día intento averiguar si lo puedo paliar de alguna manera.

Dolores reflexionó sin comentar lo que suponía un punto de no retorno.

—Cuando la mía era pequeña jugábamos en el arroyo o trepábamos a los árboles. Pero luego, la casé con quien no quiso y todo cambió. Empezó a levantarse un muro entre nosotras. Él se ha marchado con otra. Y no sé qué siente, en verdad. Y yo incluso hice conjuros para que se quedara embarazada, cosa que nunca consiguió.

—Cometió mi error. Intentar ajustarla al molde que nos impusieron. Por eso la historia entre nosotras siempre se repite —opinó Bernarda, mientras recordaba la conversación que acababa de tener con Poncia en la cocina—. Su hija se siente dañada como mujer, se echa de menos a sí misma. Ocurre cuando renuncias a una parte de ti por los demás.

—La obligué. Y por hacerlo, ni siquiera ha aprendido qué es el buen amor.

—Pisamos el altar sin saberlo y juramos por Dios lo que no sentimos. Yo no me casé enamorada. Fui infeliz desde que me retiré el último grano de arroz del cabello. No hice con amor a ninguna de mis hijas. Quizás por eso a veces pienso que no me quieren. Cumplí con lo que se esperaba de una mujer. No hacerlo era peor. Y me forcé a quererlo, pero los días, la ausencia de palabras amables, los silencios, la distancia... Por eso no me molestaba su amante, salvo porque al final yo fui la comidilla de aquella aventura, de si yo cumplía o no como mujer, y la falta de honor cayó sobre mí en vez de sobre él. No quería eso para mis hijas.

Dolores devolvió la mirada y sintió que en aquel cruce se tendió una conexión de afecto con Bernarda. Aquella mujer viuda escondía detrás una historia de ausencia de amor que la convirtió en lo que era.

—A nosotras siempre nos van a juzgar.

—Intente ayudarla antes de que sea demasiado tarde. Suerte para encontrar a Federico y para salvar a su hija.

Con aquellas palabras, Bernarda cerró la puerta. Dolores soltó aire con fuerza, como si a la vez se hubiese liberado de aquella historia que nadie sabía y que tenía bajo un candado. Se quedó sobrecogida por aquella confesión, sobre todo por parte de quien venía. A veces, incluso la persona con la que puedes pensar que guardas más distancia, contribuye a aligerar el peso de la culpa. Se sentía removida pero más aliviada, y regresó a su misión. Todo apuntaba a que la responsabilidad de aquel día estaba, de nuevo, sobre su espalda. No había tiempo que perder. Se sentó ante el piano, cerró los ojos, puso las manos sobre las teclas blancas y negras, e invocó a Federico. Perdió la noción del tiempo, hasta que un presentimiento la golpeó por dentro tan fuerte que le dio una respuesta más allá del propio Federico: todas corrían peligro.

—4—

Rosita, que descansaba su cuerpo sobre las rejas de la ventana principal de la casa, divisó cómo la rosa roja ya había rebajado su tono al color rosa. Rememoró aquel mismo instante, el año anterior, cuando aún ni se imaginaban que aquella noche Federico regresaría y que sus vidas cambiarían tanto. Al menos, la de ella. No sabía si era peor el calor del pasado agosto o la sensación plomiza de este otro. Ese color gris le molestaba incluso en los ojos, y notaba una presión sobre su cabeza. Recordó que, quizás, en aquellos asientos encalados del muro de la casa de los guardeses, podría encontrar una sombra que le retirase aquella luz molesta. Llegó a la entrada y observó el lugar. Seguían la sombra del limonero, las uvas de la parra y la madreselva. Se sentó en el asiento pegado a la pared de la vivienda de Federico. Y, por un momento, evocó aquel 17 de agosto y sintió como si las voces de aquella conversación que tuvo con Belisa y Novia brotaran de nuevo. Cuando pensaba en Novia sentía que su amiga había vivido siempre de forma mucho más intensa que ella. Lo diferente que puede ser la vida de cada mujer, calculó para sus adentros, cuando un hecho te perturba por completo. Mientras estaba distraída en aquel viaje al pasado, apareció Criada cargada de limones que guardaba recogidos sobre su propio mandil.

—¿Dónde vas tan cargada? ¿No estaban ya recogidos los limones?

—Sí, pero este año han cambiado. Están más amargos que de costumbre, casi avinagrados y busqué otros —respondió, mientras se acercaba con ellos, al peso—. ¿Puedo sentarme y descansar un poco?

—Por supuesto, María, ¡no hace falta que preguntes! —contestó Rosita, de inmediato.

Criada sonrió aliviada, suspiró y soltó aquellos nuevos limones en el banco encalado. Se sentó justo al lado de Rosita, descansando su espalda sobre la misma pared que daba al salón principal, donde aún estaba Dolores.

—¿Crees que la Conjuradora esta vez podrá traer a Federico?

Rosita se encogió de hombros.

—Sea lo que sea, tengo un presentimiento perturbador, y creo que esta ocasión no será como el año pasado, que tanto nos cambió.

—¿Te puedo preguntar una cosa? Sin que te moleste. —Criada lanzó la pregunta y esperó un gesto de Rosita que le diese permiso—. ¿De verdad crees que, en el fondo, hemos cambiado? —La joven la observó contrariada, y eso la hizo apresurarse a explicar mejor su sensación—. Quiero decir... Es evidente que aquella noche nos cambió a todas, no somos las mismas. Fíjate, ahora mismo tú me has llamado por el nombre que deseo, pero mírame. A la vez, aquí estoy, recogiendo limones para Bernarda, aunque tengo mi sueño.

—Creo que te entiendo —comentó Rosita—. A veces yo también siento que el cambio final que necesitamos será muy lento, si es que llega.

—No sé si es por mi propia condición de mujer pobre, que tan difícil me hace despegarme de este suelo que me atrapa —intentó justificar la Criada—, pero siento que solo soy libre a ratos. Que, al final, no siempre decido por mí misma y que sigo pensando en los demás. Es como si me dijera una vocecita: «Criada, vuela, pero solo un poquito, no mucho, vayas a desentonar, vayas a desobedecer, vayas a ser muy rebelde». Es como la sensación de que nunca podré ser libre. De que, por mucho que nos dijera Federico, nunca podremos porque nuestro pasado está ahí. El nuestro, pero también el de otras muchas mujeres, y nos coloca una cadena pesada de la que tenemos que seguir arrastrando.

—¡Muchachas, cómo os entiendo! —exclamó Zapatera, saliendo de la sala de venta de libros.

—¿Pero qué hacías ahí dentro? ¿Estabas cotilleando? —cuestionó Criada.

—¡Eh, no te ofendas, no era mi intención! Que yo estaba intentando arreglar el zapato de Bernarda, que, por cierto, esta vez es imposible por más que quiera —confesó, a la vez que se sentaba con ellas dos.

Rosita sabía perfectamente qué quería decir Criada con aquellas palabras, porque ella misma había tenido esa sensación, esa de que la libertad no podía ser completa y de que siempre habría una mirada, una palabra y un juicio que caerían sobre su nueva manera de vivir.

—Y tú, Zapatera, ¿qué piensas sobre lo que dice María? —preguntó.

Zapatera se hizo la despistada un rato, descansando su mirada en el zapato de Bernarda y haciendo algunos comentarios casi ininteligibles, entre dientes. Rosita volvió a llamarla para reclamar su atención y obligarla a dar una respuesta.

—Yo es que... A ver cómo lo digo... —titubeaba—, estoy en una situación rara, complicada.

Rosita y Criada la miraron fijamente, indicando con sus ojos muy abiertos que querían descubrir más sobre aquella reflexión.

—¿Me puedo sentar con vosotras? —interrumpió Conjuradora.

Zapatera vivió aquel instante con alivio. Era el momento de hablar pero, de pronto, toda la atención se trasladó sobre el rostro de incertidumbre que traía Dolores. Belisa, que estaba bajo uno de los árboles más lejanos, sintió su llegada y se sentó al lado del resto de las mujeres con su permiso. Allí, junto a todas, Dolores confesó que había querido dejar un mensaje a Federico en el más allá, pero que todo lo que recibía de aquel espacio eran energías turbias que le preocupaban.

—¿Pero por qué tiene que volver Federico? —preguntó Criada.

—Eso. ¿No podemos arreglar esto nosotras mismas? ¿No se supone que somos libres? —replicó Belisa, algo molesta por unas circunstancias tan indefinidas.

—Tiene que volver porque ha dejado una obra sin concluir y eso es peligroso para cada una de nosotras, insisto.

—Pero, ¿por qué? Yo he decidido cambiar parte de mi vida, he podido —mostró Rosita.

—Has podido cambiar una parte, Rosita, pero no toda. Recuerda que Federico dijo que os creó para que las mujeres de hoy día se reflejaran en cada una de vuestras historias. Vuestro pasado no ha desaparecido. Habéis cambiado vosotras, por dentro, porque sois autónomas y pensáis por vosotras mismas, pero seguimos siendo personajes de los que se espera que cumplan con lo previsible. Daos cuenta, Federico ni siquiera sabía que luego nuestras vidas seguían con aquel dolor. Él pensaba que aquello terminaba con la última página y que dejaríamos de sentir y vivir. Nuestra libertad, lo único que hemos podido conquistar, está dentro de nosotras, en nuestra mente, en perdonarnos, en no culparnos, en querernos más a nosotras mismas. Ahí nadie puede entrar, pero eso no significa que, aun con todo ese esfuerzo, nuestra vida sea fácil.

—¡Pues menudo fastidio es ser un personaje! —manifestó Criada molesta.

—¡No! Menudo fastidio es ser un personaje mujer, porque en los libros ellos triunfan más que nosotras. Son los héroes, los guerreros, los reyes, los que tienen el poder —irrumpió Belisa.

—Pero no es más que el reflejo en papel de la historia de la vida de las mujeres humanas. Hoy día, incluso las que tienen más libertades y leyes al final se enfrentan a infinidad de comentarios en su día a día que coartan algunas de sus actitudes. Y a veces se creen libres pero porque no son conscientes de hasta qué punto muchas de sus decisiones están condicionadas por los hombres que las han gobernado durante siglos, por las mujeres que obraron con complicidad ante ello o por el temor a los comentarios.

—¡Pues menudo engaño es esto! ¡Es una batalla diaria! —expresó Criada más molesta—. ¿Ves, Rosita? Es lo que te he dicho antes, siento cada día como si me dejaran volar, pero luego me dijeran «vuela, pero solo un poquito. Luego, vuelve a ser como eras, a tus normas, a ser obediente, no te alejes más».

Todas devolvieron una mirada de complicidad a Criada, sintiéndose reflejadas en aquellas palabras más de lo que pensaban, aunque no lo quisieran asumir.

—Entended que, aunque hayamos avanzado, queda aún mucho por derribar. Y aquí somos personajes. Dependemos de las historias que Federico escriba, es nuestro autor. Fuera, en nuestro día a día, podemos evolucionar como queramos, pero dentro de esas páginas tenemos una función. Y si lo que tenemos que hacer no lo determina nuestro autor, puede hacerlo cualquiera, cambiando nuestras vidas para siempre. Yo no os quiero mentir.

Guardaron un silencio denso que destilaba decepción y se empeoraba con aquella atmósfera tan cargante que las invadía. Rosita no dejaba de dar vueltas a aquellas palabras llenas de verdad que se mezclaban con recuerdos del pasado, y quizás ahí encontró algo de alivio por aquello de que, a veces, hay semejanzas que aligeran la carga.

—Recuerdo que el año pasado di una sorpresa a Belisa y a Novia cuando las llevé ante una budelia cargada de mariposas que volaron en cuanto la agité —comentó Rosita, ante la sonrisa de Belisa, que certificaba con la mirada aquel recuerdo—. Os conté cómo descubrí esa flor, que nosotras también haríamos nuestra propia metamorfosis después de un proceso doloroso, y que volaríamos. Y lo conseguimos. Cada una lo conseguimos. Lo que no os conté de aquella historia es que, si alguien toca nuestras alas de mariposa, retira un polvo mágico que tenemos sobre ellas y sin el que no podríamos volar. El peligro siempre estará ahí. Pero si algún día eso ocurriera, pensad siempre que hicimos nuestro camino y nuestra metamorfosis. Aunque nos quiten el vuelo, nunca dejaremos de ser mariposas. Eso nadie nos lo podrá arrancar.

—*5*—

La hija de Dolores estaba abstraída de todo cuanto acontecía en casa y entre las mujeres. Estaba tan dolida por dentro que solo había contemplado la necesidad de aislarse. Para ella, acostumbrada a la montaña y la tierra, adentrarse en aquel jardín que conectaba con el bosque era lo que necesitaba, refugiarse en él para encontrarse. Anduvo bastante tiempo dando vueltas a sus problemas, a su deseo de aprender, a qué ocurriría cuando mañana regresara a casa, a qué pasaría con él si se lo volvía a encontrar. Y también a cómo las mujeres de la casa estaban más cerca de conectar con su madre que ella misma, su propia hija. ¿Qué ocurría para que alguien con quien había compartido sangre y que la había tenido dentro de su vientre... ahora no sintiera apenas un lazo que la atara a ella? No sabía cómo se tejía esa distancia y cómo aparecía aquella desconfianza, cuando antes era el pilar imprescindible para su vida.

Dejó de pensar en ella en cuanto sintió unas voces que se aproximaban. Corrió a esconderse detrás de unas grandes hojas y confirmó, ya más cercanas, que aquellas eran voces de hombres. Dio un paso más atrás cuando comprobó que eran tres. Fuertes y grandes, portaban hachas al hombro. Eran tres leñadores en tránsito. Identificó, entre sus comentarios, que uno se mostraba preocupado por un incendio a kilómetros de allí. Luego, el otro, le dijo que se relajara, que tenían que cumplir con su presencia y «con Novia». Mientras se alejaban, la muchacha pensó que, quizás, se referían a la boda de Novia. Podrían ser amigos de ella o, a lo mejor, de Leonardo. Cuando el tono de la charla se desvanecía por la distancia, salió de su escondite y caminó en sentido contrario, para evitar coincidir con ellos.

De pronto, notó que el aire era más espeso y que sentía una opresión fuerte en la cabeza. Su cuerpo entraba en una especie de somnolencia con la que luchaba. Contempló su alrededor y fue consciente de cómo en su camino había cambiado todo. El bosque, poco a poco y sin que ella apenas se hubiese percatado, se había tornado más tupido y caliente a su paso. El riachuelo que cortaba su camino y que traspasó tenía un color vino tinto y un olor a azufre. Tenía la sensación de que había llegado a algún otro planeta, pero, sobre todo, al final del bosque, a un lugar sin salida. A la vez, la niebla aumentaba, los arbustos dificultaban el paso, las ramas de los árboles parecían manos que querían atraparla y las hojas eran tan grandes que tapaban su visión. Todo generaba un entorno inquietante y tenebroso. Tenía que reconocerlo. No sabía dónde estaba. Intentó tranquilizarse antes de que el temor se apoderase de ella. Había asumido que desconocía hasta dónde había llegado y ni siquiera tenía ahora capacidad para orientarse.

—¿Te has perdido? No tengas miedo, hija.

La voz quebradiza de una mujer mayor resonó entre aquella frondosidad oscura.

—¿Quién está ahí? —preguntó asustada.

Por un instante, intuyó que podía ser la madre de Bernarda Alba, pero pronto, en cuanto aquella anciana salió de entre la espesa vegetación que la había ocultado, que trajo una pequeña apertura de luz, comprobó que aquel era otro cuerpo. Cubierta por tenues paños verdeoscuros y con los pies descalzos, daba la sensación de ser una mendiga que viviese en el bosque.

—No te asustes. Soy solo una mujer mayor. No tengo nada para hacerte daño. ¿Sabes dónde puedo encontrar algo de agua? He andado decenas de leguas y aquí todo es sangre oscura y un calor inmenso.

La muchacha, aún algo temblorosa por aquel extraño encuentro, titubeó unos segundos hasta darse cuenta de que podía ayudar a aquella anciana, a la que aún no podía ver el rostro y que mantenía su cuerpo apoyado sobre un bastón de madera. Si no sabía ni dónde estaba, menos podía intuir dónde podía encaminar a la mujer en busca de agua. Nerviosa, cuando fue a secar sus manos sudorosas en el vestido, recordó que lo que llevaba en su bolsillo podría ser útil en este caso.

—Si quiere, lo único que puedo darle es una naranja que he cogido de un árbol antes de llegar hasta aquí —respondió precipitada, a la vez que extendía el fruto hacia ella.

—Sería muy generoso por tu parte. —La anciana extendió la mano y, de inmediato, arrancó a bocados la piel de la naranja para absorber el jugo de la fruta.

La joven permanecía allí quieta, paralizada y sin apenas capacidad para reaccionar. Consciente de aquel bloqueo, decidió dar unos pasos hacia atrás, para alejarse de forma sigilosa.

—¡Espera! Tu rostro me es familiar, muchacha. ¿De dónde vienes?

—Vivo en la parte más alta del pueblo —comentó, volviendo a parar en seco.

—¿En la casa de Dolores, la Conjuradora? —preguntó dando unos pasos hacia ella y desvelando una sonrisa ante la confirmación que la muchacha hizo con su mirada—. Yo te recuerdo de pequeña. ¿Y cómo está tu madre? La conozco desde hace mucho. Compartimos aprendizajes durante un tiempo... Luego, tomamos diferentes caminos.

La cara de la muchacha se tornó en un semblante más relajado.

—¿Ha dicho que aprendió con mi madre? ¿Es usted bruja?

—Bueno... —reflexionó la anciana—, yo enseñé a tu madre parte de unos hechizos y fui su maestra, pero no todas las alumnas son agradecidas cuando comienzan en esto.

—La entiendo... —comentó la muchacha—. Yo quiero aprender algunos conjuros sobre magia negra, que necesito, y no me los enseña. Tiene más confianza con las mujeres que están en esa casa que conmigo.

—¿Qué casa? ¿Qué mujeres?

—La de la Huerta de San Vicente, donde vivía un poeta llamado Federico García Lorca. Algunas de sus protagonistas están allí. Vienen una vez cada año.

—¿Casi todas? —repitió la anciana.

La muchacha asintió, aunque tampoco quería confesar que no sabía el nombre de todas las mujeres a las que Federico había dado vida. Sintió la necesidad de dar más información, aunque no tuviera certeza de los detalles, pero quería aparentar seguridad ante la anciana.

—Estamos todas.

—Lo preguntaba porque, de hecho, voy en busca de una ellas, a quien siempre he cuidado, pero que ha huido en esta ocasión. Quizás me puedes ayudar, tal vez te has cruzado con ella sin identificarla. ¿Has visto a la Novia, una joven guapa, morena, vestida de blanco y con flores en su cabello negro? Se deja siempre arrastrar por el amor y le tengo advertido que no todos los hombres son buenos. Yo, desde que su padre murió, estoy atenta para que nada malo le ocurra, y hace días que no la veo.

—¡Sí, allí está! ¡De hecho, bajo la luz de la luna, espera casarse! Hemos venido a su boda.

La anciana hizo un gesto de satisfacción. Muy lentamente, se apoyó en su bastón y acudió a descansar en una especie de asiento que conformaba uno de los troncos de un árbol. Parecía haberse derribado hacía tiempo y el mismo aire, caprichoso, había limado aquella madera hasta darle una curiosa forma donde sentarse. En aquel intento, de la manga de la anciana cayeron dos monedas que la muchacha se apresuró a recoger para entregar a su dueña.

—Qué generosa eres en todo lo que has hecho y confesado. Cualquiera, en este momento, no habría dado la única bebida a una anciana ni devuelto estas monedas. Soy una mendiga que vive de lo poco que le dan. Eres una persona de fiar. Déjame agradecértelo. ¿Has dicho que querías aprender magia negra, no? —Esperó un sí entusiasta de la joven antes de continuar—. Pero ¿para qué la quieres?

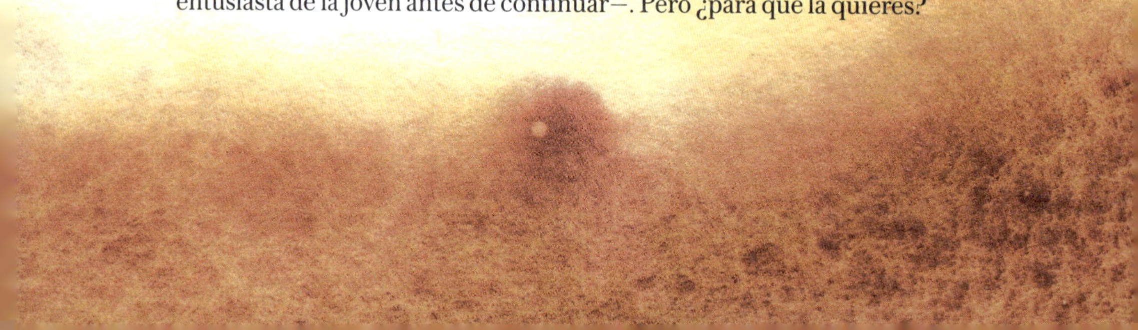

—Porque mi marido me ha abandonado. En verdad, nunca quise casarme. Fue mi madre quien se empeñó. Yo era más de ser una novia eterna, sin más compromisos y sin estar al servicio de nadie. Pero ella insistía en que tenía que cumplir ciertas normas si quería ser una mujer respetada. Quizás porque ella nunca lo fue. No quiero nada malo para él, sino algún hechizo que nos proteja solo de hombres dañinos y violentos, que no nos molesten más ni jueguen con nosotras. De alguna forma tendremos que protegernos, y si tengo que recurrir a la magia, lo haré.

La anciana suspiró y calculó qué hacer.

—Toda mi vida he evocado conjuros de amor y de desamor, y son los más complicados. Y a veces lo que no es amor se confunde con el amor. Creo que me puedes ser de gran ayuda. Cuidé mucho tiempo de Novia. En contra de lo que se dice en todos los corrillos, no es Leonardo quien la ama, sino Novio, a quien ella rechazó. Leonardo está cargado de ira y la destrozaría si la encuentra. Necesito localizarla, pero, para ello, debo antes realizar un hechizo para alejarla del mal. Hay abierto un pasadizo donde Leonardo puede dar con ella y hay que cerrarlo lo antes posible. De paso, si tú me ayudas, podemos hacer que este conjuro proteja a todas. ¿Lo harás?

La muchacha, emocionada pero, a la vez, algo somnolienta, aceptó con una sonrisa. Recapacitó un poco, intentando que no dudara de ella.

—Pero ¿hará falta agua o un fuego para hacer el conjuro? —preguntó.

—La magia negra se mueve con otras artes. Tenemos lo que necesito. Niebla, sombra, tierra sangre y estas hierbas de aquí —sostuvo, mientras arrancó unas plantas silvestres que agarraban en el tronco del árbol y se incorporó—. Yo te enseñaré. Solo necesitamos un lugar aún más oscuro.

La mendiga extendió su manto, como un gran pájaro de alas inmensas, y cubrió a la joven, quien entró en un profundo sueño que la dejó inconsciente. En la oscuridad de aquel espacio, se escuchó a la mendiga pronunciar unas extrañas palabras. Cuando acabó con el ritual, y con la joven desvanecida en sus brazos, se acercó a su oído para dejarle un último mensaje:

—No le digas nada a nadie, o se romperá el hechizo y Novia estará en peligro.

A continuación dejó caer el cuerpo de la muchacha sobre la tierra, con un leve pulso, y se marchó del lugar, ocultándose con premura entre la espesa niebla que la tragaba.

—6—

Dolores, que salía del jardín tras buscar a su hija, quería encontrarse con sus compañeras para preguntar si había regresado. Cuando llegó a la altura de los bancos, notó una extraña soledad. Ninguna de las mujeres que esperaba encontrar estaba allí. Entró callada a la casa e intuyó escuchar unas notas desordenadas que salían del piano de Federico. Su respiración se entrecortó. Antes de entrar a la vivienda, miró hacia atrás por si alguien la observaba. Con un paso muy lento, avanzó. Se sujetó a la puerta verde unos segundos e hizo una pausa, con un pie dentro del recibidor. Guardó de nuevo silencio para asegurarse de que los sonidos inconexos provenían del salón. Avanzó unos pasos y, antes de que pudiera darle alcance, salió Federico a la entrada. Conjuradora se emocionó y se lanzó a sus brazos, pero percibió que aquel era un Federico diferente. Le hablaba sin entender lo que decía,

mientras una nota del piano se repetía en bucle sola, sin que él la tocara. De pronto la agarró por los hombros y pudo sentir que le hablaba con un tono débil: «No sé si podré. Se han enterado de vuestra libertad y me impiden avanzar. Tened cuidado». Al tiempo que ella lanzaba preguntas al aire sin respuesta, percibió que la fuerza de Federico disminuía y que casi era una sombra o un espectro que flotaba sobre el suelo y se alejaba a tal velocidad que no le podía dar alcance, mientras subía las escaleras hacia su dormitorio. Siguió su recorrido cuando, asfixiada por el esfuerzo, llegó a su cuarto. No había rastro del poeta, pero se sintió atraída por una enorme luna roja. Acelerada, se asomó al balcón abierto y, desde arriba, descubrió un charco de sangre a la entrada de la casa a la par que sintió la fuerza, sobre sus espaldas, de alguien que la empujaba al vacío.

—¿Qué te pasa, Dolores? ¡Despierta, despierta!

Novia agitaba el cuerpo de la Conjuradora, que abrió los ojos de aquella pesadilla con la respiración entrecortada y con el rostro blanco. Se había quedado dormida, llorando, tras pensar en su hija, porque había recibido un presentimiento turbio sobre ella. Ahora intentaba retener en su mente lo que acababa de experimentar. De golpe, las frases de Federico sacudieron su cabeza. Respiró un par de veces con fuerza, antes de hablar.

—Creo que Federico ha aparecido en mi sueño para darme un mensaje —decía, con la voz balbuceante—. Sí, sí, es así, ha venido a verme —repitió, ya convencida—. Y no me acordaba, pero ahora lo entiendo... Hoy es la luna roja.

—¿Y qué te ha dicho? —insistió Novia, preocupada tras comprobar su inquietud.

—Creo que lo mejor es que os lo cuente a todas a la vez —confirmó, haciendo ademán de levantarse.

—Pido antes hablar contigo —le imploró Novia con la mirada. Esperó a que la Conjuradora cesara en su intención de marcharse, como así hizo. Aprovechó para no perder un solo segundo y extender delante de ella un papel—. Mira este conjuro. Necesito saber si podré ver a Leonardo y que hagas este hechizo que tengo aquí escrito. Me lo pasó una anciana en una romería. —Novia notaba que Dolores leía por encima aquel texto, pero las vibraciones extrañas que le llegaban le hacían sentir que la Conjuradora no lo admitiría. Aquella situación la angustiaba más—. Por favor, Dolores, te lo pido. Yo no quiero otra boda de sangre, quiero una boda de azahar, luna y alegría. La necesito, necesito cambiar mi vida, hacer un borrón y cuenta nueva.

Dolores se calló. No sabía qué responder para no decepcionarla, aunque aquella mirada de Novia, cargada de una incertidumbre temblorosa y temerosa, le ataba aún más el corazón y la respiración.

—Este conjuro no es para esto. Invoca fuerzas oscuras hacia ti, para hacerte mal. Ven conmigo, así entenderás. Vamos con las otras.

Novia aceptó aturdida. No quería asumir aquella realidad, ya no podía con más contrariedades y desencantos. Dolores se incorporó, apoyándose en su hombro, y se levantó con esfuerzo, como si aquella pesadilla y el mensaje de Novia hubieran cargado un peso sobre su alma.

La Conjuradora llegó hasta los bancos encalados de la casa de los guardeses, donde estaba Zapatera, acompañada de Rosita, Belisa y Yerma. Magdalena, que estudió a la distancia los rostros de Dolores y Novia, se levantó del comedor y animó a sus hermanas y a su madre, a Poncia y a Criada a acercarse, intuyendo que había nuevas noticias. Nada más verla aparecer, Zapatera empezó a llamarla a gritos sin dejarla hablar.

—Bruja, cuéntame una cosa —demandó mientras sostenía en su mano un racimo del que quitaba una a una las uvas mientras hablaba—. Hace un rato dijiste que estamos rodeadas por cuatro mundos: el de los humanos, el de los personajes, el de la vida y el de la muerte. Aclárame esto porque yo ya me he perdido con tanto mundo. Dime tú dónde estoy.

Dolores marcó una sonrisa profunda, no solo por la pregunta, sino porque Zapatera ya había pronunciado las últimas palabras con suma dificultad, almacenando en sus carrillos hinchados tal cantidad de uvas que ahora apenas podía tragar. Zapatera había conseguido relajarla. Quería contar su pesadilla, pero aquella pregunta le podría servir para explicar mejor qué sucedía en realidad y dar así una información necesaria para entenderlo todo.

—Nosotras, personajes, estamos ahora mismo en el mundo de los humanos —comenzó a explicar, con ánimo templado—. Aunque entenderéis que esto no es muy habitual. Son varios los personajes que, a lo largo de la historia, han intentado hablar con sus autores. ¿Recordáis que Federico nombró a Pirandello en cuanto nos vio? Es normal que entre estos mundos exista cierta conexión durante su creación, porque autor y personajes crecen y avanzan a la vez. El problema es que una vez terminada y cerrada la historia, nadie puede modificarla, salvo el propio autor. Los personajes pueden rebelarse ante él, pero si no logran conectar con el autor, como Federico hizo con nosotras, es difícil que puedan tener una vida después.

—Pero ¿por qué mencionas el mundo de la vida y de los muertos? Nosotras somos personajes, somos eternas —preguntó Belisa.

—Eso es en teoría, pero a veces se dejan canales abiertos donde el autor no controla lo que sus personajes puedan hacer. Y eso es lo que temo que tengamos arriba, con la obra inacabada de Federico. En esos espacios puede ser que otros personajes que nos rodean en nuestras historias quieran también rebelarse...

—Pero ¿eso por qué nos pone en peligro? —preguntó Belisa, de nuevo.

—Los personajes se mueven por sentimientos puros, ese es su corazón. Vosotras mismas sabéis que algunos han buscado lo mejor para vosotras. En cambio, hay otros que si hubieran podido enfrentarse al autor habrían elegido un destino diferente para cada una. Por eso es importante que regrese Federico, para que tome las riendas de ese manuscrito. Aunque...

—¡Dilo, dinos a todas qué pasa, qué te ha dicho Federico en esa pesadilla! —suplicó la Novia.

—¿Federico ha hablado? —cuestionó Rosita ante la noticia, sobrecogida, como el resto.

—Así es —admitió Dolores—. Ha sido un sueño extraño, muy extraño. Ninguna de vosotras estaba ya en casa, y he acudido al comedor ante un sonido desordenado del piano. Encontré a Federico, aunque no me escuchaba. Y luego me avisó: «No sé si podré. Se han enterado de vuestra libertad y me impiden avanzar. Tened cuidado».

— ¿Nada más? —preguntó Martirio, inquieta.

Dolores recordaba perfectamente aquel charco de sangre, pero no quería compartirlo.

—Nada más —terminó.

—¡Malditos sean! —exclamó Amelia.

—¿Quiénes? —preguntó Angustias.

—¡Ellos! ¿No has escuchado a Federico? Dice que se han enterado de nuestra libertad... ¿Quiénes pueden ser? ¡Nuestros hombres! ¡Nuestros hombres le impiden venir! —se quejó Amelia.

—Son unos envidiosos de nuestra libertad. Se han enterado de que conseguimos cosas buenas para nosotras y no lo soportan —manifestó Belisa—. No dejarán que Federico nos dé otra vida en esa historia de ahí arriba. Siempre igual... Hablamos nosotras y tienen que venir ellos a ser protagonistas, a callarnos y a darnos lecciones.

—Pero pueden venir hombres buenos, ¿no? ¿Quizás nuestro padre o el tío de Rosita? —cuestionó Angustias.

Dolores negó con la cabeza.

—De ser así, Federico no habría dicho que fuéramos precavidas.

—Menos mal que nunca me enamoré de ningún hombre, porque ahora mismo puedo respirar —confesó Magdalena—. Crearon el mundo del poder y de las guerras y siempre, aunque levantemos cabeza, pensarán que pueden estar por encima de nosotras. Su mundo de violencia no nos representa. No nos dejarán dar un paso libre nunca.

—Y hay algo más que, con todo lo de mi hija, no calculé... Hoy hay eclipse lunar, una luna de sangre —anunció Dolores.

—No es posible, si eso es mal augurio. Lo digo yo que mi abuelo leía mucho la Biblia en voz alta y eso venía ahí... —subrayó Zapatera.

—«El Sol se convertirá en tinieblas, y la Luna en sangre, antes de que venga el gran y terrible día del Señor», libro de Joel —recitó Bernarda, besando su crucifijo.

Guardaron unos minutos de silencio, pero en las mentes de cada una solo había ruido de palabras, frases, gestos y recuerdos de los hombres de sus historias.

—Yo tengo miedo. ¿Y si regresa Juan de algún modo? ¿Su alma o su espíritu? —cuestionó Yerma angustiada.

—Y mi boda, mi Leonardo y... —sumó Novia.

—Y Perlimplín...

—No os precipitéis —respondió rápida Rosita, que se acordaba de su primo.

—Y mi hija no regresa —desveló Dolores, preocupada.

—Ella está por ahí, intentando olvidarlo todo. No le eches cuentas. Cuando regrese, que regresará, nosotras, como si nada —comentó Zapatera para tranquilizarla.

Poncia empezó a abanicarse con el propio soplillo de la hornilla, que se había traído sin pensarlo cuando acudió a la llamada de la hija de Bernarda. Estaba sofocada.

—Como venga el señorito Federico, os juro que le doy un tirón de las orejas si lo veo. Mejor que me pongáis una zancadilla para que no le dé alcance. Nos deja a nosotras aquí, a cargar con el mochuelo. Ya podía haberse ido la última vez sin escribir nada y nos hubiese dejado relajadas y tomando limonada.

—¿Y qué podemos hacer mientras tanto? Si Federico no viene y la rosa se agota, tendremos que volver como sea a nuestras casas y enfrentarnos al camino solas. No podemos quedarnos aquí para siempre —desveló Criada.

—Solo podemos esperar al día de hoy, y si Federico no viene... Lo importante es que estemos todas —respondió Rosita con firmeza—. Llegamos juntas y nos iremos juntas.

—7—

Las hijas de Bernarda se quedaron en el salón. Sabían que su madre, Poncia y Criada les habían ordenado permanecer allí con la excusa de que era peligroso estar fuera por si los hombres regresaban. En verdad, sabían que las tres se habían refugiado en la cocina para hablar entre ellas. Desde sus asientos veían que Rosita, Zapatera, Novia, Dolores, Yerma o Belisa conversaban en los bancos de la entrada al jardín. Angustias se fijó en el color de la rosa, más pálido, que anunciaba la cercanía de las horas críticas. Los hechos se habían sucedido tan precipitadamente que estaban ya a las puertas de una tarde donde, la poca luz del día, menguaba aún más.

—¿De dónde has aprendido esa forma de hablar que antes usaste, Amelia? Eso de *liarla parda* y esas cosas... —preguntó Angustias para distraer su mente.

—Te ha dicho madre que me lo preguntes, ¿verdad?

Angustias afirmó con la mirada.

—No lo niego. Creemos que has tenido que hacer como Rosita y Belisa, y has escuchado conversaciones actuales de las humanas.

Amelia sonrió casi aceptando aquella idea, a la vez que percibió la apertura del pasaplatos y cómo los ojos de su madre aparecían detrás, como los de un halcón que no dejaba de controlarlo todo desde las alturas. No podían hablar en voz alta, a riesgo de ser escuchadas, y prefirió no responder más, justificando con un gesto que estaban siendo vigiladas. Todas resoplaron casi al unísono en un silencio incómodo, que se mezclaba con la sensación de incertidumbre que las atravesaba. Magdalena ya estaba cansada de mantener de nuevo las normas de la casa.

—Lo advertí —comentó, menguando su tono—. Madre nos trata aún como si fuéramos crías pequeñas. Todas nos siguen ocultando cosas. Seguro que están las tres hablando sobre Adela. Nadie pregunta por ella, ¿no os dais cuenta? Hemos descubierto esto porque yo he salido tras un pálpito extraño en cuanto vi a Dolores y me he saltado nuestras normas. No me iba a parar nadie. En esta casa estaban ocurriendo cosas que no nos estaban diciendo.

—Entiéndelo, Magdalena, ni madre ni nadie nos querían preocupar.

—Entiéndelo tú, Angustias. No nos pueden seguir ocultando cosas. La vida es dura. Sí, lo sabemos. Una hermana nuestra se suicidó. ¿Y acaso no sabemos lo que es vivir entre cuatro paredes por ser mujeres? Hemos estado así toda la vida. Y ahora, por poder salir un poquito de casa, nos creemos revolucionarias. Pero no, tenemos enfrente un muro, que está aquí, y por más que lo piquemos, a cincel y martillo, no se cae, porque cuando derribamos una piedra, por detrás nos ponen otra para que el muro nunca caiga. No podremos hacer nunca nuestra vida —terminó, resoplando, superada por las circunstancias.

—Estamos adelantando acontecimientos.

—Ya dije hace tiempo que los hombres se tapan unos a otros —recordó Martirio.

—Dejadme hablar. A pesar de las palabras de Federico, puede ser que se equivoque. Insisto que pueden ser otros hombres los que vengan por nosotras.

—Sí, claro, tu Pepe el Romano.

Angustias devolvió una mirada fulminante a aquella respuesta.

—¡Qué desagradable eres, Martirio! Por cierto, ya que estás tan suelta, ¿dónde vas a pasar las tardes de los lunes? Se rumorea en el pueblo que te ves con el hermano de Pepe el Romano.

—Qué te importa..., que eres como madre, solo vives de las malas lenguas.

—Lo único seguro, Martirio, es que tú eres la más enamoradiza. Todas lo sabemos.

—Si me voy con el hermano de Pepe es asunto mío y de nadie más. Todas estábamos locas por fijarnos en un hombre. ¿Os recuerdo qué hacemos cada vez que vienen los segadores al pueblo? A veces parece que no tenéis ni instintos. Madre nos creó sin impulsos y esa es otra losa que arrastramos.

Amelia se fijó de nuevo en el grupo de mujeres que había fuera e intentó leer sus labios sin conseguirlo.

—Me encantaría estar con ellas ahí, ahora mismo, y saber qué se dicen.

—¿Pues sabéis lo que pienso en verdad? —avanzó Magdalena—. Que ni siquiera la Conjuradora sabe qué está sucediendo. Siempre lo he dicho, maldita sea nacer mujer, porque cae sobre nosotras un mundo que no nos corresponde, ya sea entre letras de un libro o que fuéramos de carne y hueso.

—El mundo real, el de fuera, no es así. Cada día, alrededor del mundo, violan y asesinan a mujeres por ser mujeres. Ejércitos de hombres han conquistado tierras a lo largo de los siglos, haciendo auténticas aberraciones con nuestros cuerpos, y algunos libros han dado cuenta de ello. A veces pienso que somos afortunadas por ser personajes con vida. Ya dije que prefería llevar sacos al molino antes de bordar —confesó Magdalena.

—¿Cómo sabes todo eso?

—Está en los libros que Criada lee y que mamá nos prohíbe leer. Y eso hago los lunes, a tu respuesta: leer libros a escondidas para saber.

—Tú ni te has enamorado ni has terminado llevando sacos al molino porque dicen que eso no es de mujeres. Dime, entonces, ¿qué vida te queda? ¿La de ver los días pasar ante ti, sin poder hacer nada más? Aquí te pones muy gallito, pero luego bajas la cabeza y la escondes bajo tierra.

Magdalena hizo un mohín de desprecio, molesta por aquella reflexión de Angustias. Decidió levantarse y poner su oído en la pared del comedor, para intentar escuchar algunas palabras de su madre con Poncia y la Criada. Con lo que adivinó, corrió de nuevo a juntarse con sus hermanas.

—Os lo dije, están hablando de Adela y de Pepe el Romano. Que puedan o no regresar de alguna forma —desveló, dejando caer su cuerpo en el sofá—. No aguanto más aquí.

Ante la mirada del resto de las hermanas, Amelia se levantó para ir hasta el umbral de la puerta y permaneció allí, sin traspasar ese límite de su espacio permitido. Se consolaba pensando que, al menos, una vez al año escuchaba otras voces que no eran las mismas de siempre.

—8—

—¿Sales o entras? —Amelia se asustó ante la pregunta que Poncia le hacía a su espalda. Cuando se giró comprobó que ella y Criada portaban unas bandejas cargadas de vasos de limonada para servirlas. Amelia se apartó y dejó paso a las dos, que caminaron hacia las mujeres de fuera. Después, decidió acercarse al grupo que se sentaba en los bancos, aunque sin sumarse a ellas, sino manteniendo una cierta distancia. La miraron y siguieron con la conversación que mantenían, entre las preocupaciones de la carta de Federico y el destino que les podía esperar. Rosita expresó en voz alta que se sentía culpable de aquella situación.

—Quizás quité hierro a tus palabras, Zapatera, cuando advertiste lo del caballo. Y no lo merecías. Debí entender que era un aviso para que las demás no vinieran y el riesgo no fuera mayor.

—Ahora no te culpes, estamos juntas en esto hasta el final, en lo bueno y en lo malo, recuérdalo —dijo Belisa, mientras la rodeaba con sus brazos para que sintiera su apoyo.

—Lo que está comprobado, Zapatera, es que tienes un oído finísimo.

—Eso, o que Belisa y tú, queridas mías, estáis más sordas que una tapia. Y perdonad que sea tan clara —le replicó.

Rosita y Belisa sonrieron ante su comentario y tomaron en sus manos los vasos de limonada que Poncia y Criada les extendían.

—¿Y por qué pensáis que ese caballo es un peligro? Puede ser Leonardo, y Leonardo no es peligroso —defendió Novia.

—Tampoco lo sabemos, ha podido cambiar —comentó Conjuradora.

—¡No dudes de él! Él no cambiaría; si miento, que se me claven alfileres en los ojos —respondió Novia, ofendida.

—No se trata solo del tuyo, Novia. Federico nos alerta de algo más general, puede ser cualquiera de nuestra historia.

Amelia decidió romper aquella barrera de distancia que solo ella marcaba y abrir con ellas un pensamiento que sabía imposible de comentar con sus hermanas.

—¿No os da rabia que, por ser mujeres, tengamos que movernos solas con miedo? Ellos pueden alejarse millas y millas sin temor alguno, porque son dueños del camino, y nosotras tenemos que ir juntas o exponernos al riesgo.

—Yo he caminado mucho sola. Mucho. Cuando ya te han hecho de todo, te da igual que alguien aparezca en el camino —comentó Yerma, consciente de los dolores de su propia vida, de los que era imposible desprenderse. Rosita se percató de que su rostro era diferente, con un reflejo de decepción absoluta.

—¿Estás bien, Yerma?

La mujer se encogió de hombros, entreabrió los labios sin llegar a sacar palabra y, tras una respiración profunda, decidió hablar.

—Ya no tengo esperanzas en este viaje, y la culpa me invade de nuevo. Cada vez siento más lejos que pueda ver a Víctor, y quizás es un castigo por no haber sido valiente en aquel momento y haber gritado a los cuatro vientos que era a quien quería. Él iluminaba la oscuridad en la que vivía con Juan. Y quizás el amor es solo eso. Vivir con quien te hace estar bien, en calma, en paz contigo —hizo una pausa profunda durante la que parecía divisar ante sus ojos aquellas emociones tan opuestas a lo que vivía entre cuatro paredes.

—¡Ay, el amor, el opio de las mujeres! —gritó Poncia, mientras entregaba a Yerma el vaso que saboreaba.

Yerma mantuvo aquel silencio, que todas respetaron, para dar un espacio donde admitir sus pensamientos antes de volver a hablar. Guardaba un secreto superior que nunca había querido confesar, ni siquiera a la Conjuradora. La vergüenza y la culpa de aquellos episodios que venían a su cabeza una y otra vez se seguían repitiendo en sus pesadillas, por mucho que lo intentara evitar. Cuando menos se lo esperaba, brotaban de nuevo aquellos instantes en un viaje al pasado al que era lanzada sin querer.

—¿Os puedo hacer una pregunta? Pero no me juzguéis, os pido.

Todas se quedaron paralizadas ante aquella declaración de Yerma. El tono de su voz, su rictus, su cadencia eran diferentes.

—No dudes —contestó Rosita.

—Soy yo, Novia, tu hermana; estoy aquí. Estamos todas aquí.

—Con las historias que tenemos cada una, sería tan injusto juzgarnos... —manifestó Belisa.

Yerma se tomó su tiempo, como si su mente organizara las palabras en el orden en que querían ser emitidas.

—¿Pegar a una mujer no es lo normal?

Se hizo un silencio que parecía ocultar una verdad velada, que solo fue capaz de romper Poncia.

—Pegarnos a nosotras ha sido siempre normal. Nos han tratado siempre como a mulas y bestias.

—Ahora ya dicen que no —replicó Rosita, con algo de esperanza que fue pronto anulada.

—No es cierto, escucha a cualquier humana hoy día. No ha parado nunca, en ningún rincón del mundo —aclaró Conjuradora.

—Nos pegan y nos matan por ser mujeres —sostuvo Yerma.

—Lo normal debería ser que nos respetaran y nos amaran de verdad, con todo el cuerpo y el alma. Dañar a la otra persona nunca es amor. O quizás el amor no existe —dijo Rosita.

—¿Y por qué me siento culpable de lo que hice? No quería odiarlo, pero no podía con aquella cárcel de casa ni con aquellas palabras de desprecio que me volvían loca y me consumían —confesó, con unos ojos cerrados que la trasportaban a su pasado.

—Yo me sentía culpable por amar y tú por desamar y porque la maternidad te pesaba como una losa —le dijo Novia, de rodillas ante ella, mientras le sujetaba las manos—. Pero la respuesta la descubrimos juntas, ¿te acuerdas, Yerma? Todo lo que nos rodea, por ser mujeres, es así. Yo sé que tú te defendiste porque tu mente estaba anulada y te estabas muriendo en vida. Que no te pesen los errores que hayamos podido cometer, porque solo queríamos sobrevivir. El amor existe. Mi Leonardo. Tu Víctor. Fueron hombres de verdad. Quienes pegan no son hombres que se vistan.

Yerma la miró y tembló con un recuerdo oscuro.

—No siempre se pega con la mano, que también, sino con las palabras.

—9—

Angustias preguntó a Belisa si podía ver las huellas del caballo, para confirmar si eran de Pepe el Romano. No pudo identificarlas porque una parte ya había sido borrada por el viento y cubierta por nueva tierra roja. Angustias dio un brinco en cuanto sintió cómo Belisa le agarraba fuerte el brazo y señalaba la presencia oculta de alguien detrás de un árbol, cuyas hojas se agitaban. Contuvieron la respiración unos segundos, hasta que la pudieron relajar cuando descubrieron que quien estaba detrás de aquel sonido era la hija de Conjuradora. Notaron que estaba algo perdida en su mirada y se acercaron a ella de inmediato.

—¿Estás bien? —preguntó Belisa—. ¿Qué te ha pasado?

La muchacha les devolvió una mirada aturdida por los recuerdos. Aún resonaba en su cabeza la frase: «No le digas nada a nadie, ni a tu madre, o se romperá el hechizo y Novia estará en peligro». Pero, a la vez, pudo esbozar una sonrisa de tranquilidad por sentirse de nuevo en casa.

—Estoy bien, solo que me perdí ahí dentro, y hace un calor horrible más hacia delante, como si fuera el infierno.

—Ven con nosotras a la entrada de la casa, es donde se está mejor.

Las tres caminaron los metros que las distanciaban del lugar de reunión de todas, pero, conforme se acercaban, les sorprendía el tono de la conversación que escuchaban. Ahora era distendida. Tras rebasar el último árbol, oyeron ya la voz de Zapatera.

—¡Pero si ha vuelto la muchacha! —exclamó.

Conjuradora respiró aliviada en cuanto vio a su hija, aunque se mostró preocupada por su aspecto. Dio unos pasos hacia ella, pero la Zapatera la frenó de inmediato.

—Déjala estar, no la agobies —le susurró—. ¡Súmate a nosotras, joven!

Dolores obedeció, pero sin despegar los ojos del recorrido de su hija, que se sentó bajo la madreselva en la casa de los guardeses, desde donde podía ver a todas. Se acercó a Zapatera, que organizaba a Rosita, Criada, Poncia, Bernarda, Belisa y a las propias hijas de Bernarda, a las que había hecho salir de casa.

—Pero ¿y tú qué tienes ahí? —preguntó Yerma a la Zapatera.

—Una pelota.

—¿Y se puede saber de dónde la has sacado?

—Estaba ahí, detrás del árbol, será de alguno de los chiquillos que juegan a diario por el parque.

—¿Y qué pretendes?

—Pues que juguemos un partido, no nos vamos a pasar todo el día aquí sentadas.

—Estás loca —espetó Bernarda—. El fútbol es un juego de hombres.

—¿Y quién dice que no puede ser un juego de mujeres? —respondió Amelia, desafiante ante su madre—. Yo me apunto.

—Así se responde, joven —afirmó Zapatera, orgullosa ante esa actitud—. Si no lo hacemos nosotras mismas, ¿quién cambiará las cosas por nosotras? Así es como conquistamos terreno, nunca mejor dicho. Si ellos se lo pasan bien jugando, ¿por qué no podemos nosotras también? Yo hago de árbitro, que he visto muchos partidos fuera de la taberna.

—¿Y cómo vamos a jugar? Llevamos vestidos —recordó Magdalena, aunque por dentro estaba cargada de emoción solo por pensar en la posibilidad de hacer algo diferente.

—Pues fácil. Nos los remangamos, los sujetamos en la cinturilla y asunto arreglado —explicó Zapatera mientras seguía cada uno de los pasos. Todas replicaron aquellas instrucciones y rodearon a Zapatera, quien asignó los equipos, a la vez que marcaba en la arena, con un palo, las partes del campo. Criada y Poncia señalaron los límites de la portería con algunas macetas y jarrones. Con los dedos, Zapatera emitió un silbido que indicaba el comienzo del partido. Belisa, con su vestido remangado, pasó la pelota a una Rosita que mostraba un ágil toque de balón con sus puntas y que pronto rebasaba ya la mitad del campo en dirección contraria. Novia metía cuerpo con Rosita para hacerse con el balón. Angustias, que se había quedado sin jugar con Bernarda, aplaudía entusiasta. Intentó moderarse ante la mirada de su madre, pero la verdad es que incluso esta se dejó arrastrar por la emoción y aplaudió en cuanto Amelia encajó un gol a Criada en portería. Lo mismo sucedió en un par de ocasiones más, con tres goles a favor por parte de Rosita y Magdalena.

—¡Protesto! ¡Yo soy muy flacucha! ¡Que la otra portera es Poncia y es un muro! ¡Y tiene unas manos enormes! —se quejó Criada ante la risa de todas.

—¡Criada, estoy gorda y muy orgullosa, a ver si te tragas la lengua! —gritó Poncia desde el otro lado.

Todas explotaron en carcajadas que aliviaron tanta tensión acumulada. Necesitaban parar, tomar aire, distraerse, para que sus mentes se evadieran unos segundos del temor y de la toma de decisiones. Novia lanzó el balón para reiniciar el partido desde la banda derecha, con tanta fuerza que lo sacó fuera del área, hacia el corazón del jardín. «¡Voy por la pelota!», gritó, mientras se adentraba en él. Poncia y Criada siguieron lanzándose quejas y maldiciones que provocaban la risa de todas, lo que las distrajo por un momento.

—Oye... Novia no viene. Es tan pequeñita la pobre que, como la pelota haya quedado en un árbol, no la alcanza —sostuvo Poncia, acompañada de una risotada—. ¿No se llega nadie más?

Todas se miraron entre sí y evadieron aquella responsabilidad.

—Es que estamos un poco asfixiadas —se excusó Amelia.

—Nunca hemos jugado a esto, necesitamos parar un poco —sostuvo Belisa, mientras se sentaba en la tierra.

—¡Tanta ayuda, no, eh...! Ya me llego yo a ver dónde está —comentó Yerma, mientras se adentraba en el jardín con el sonido de fondo de las conversaciones de las demás, que se peleaban ahora por el último gol marcado.

Yerma anduvo un par de metros por el bosque, pensando que la pelota estaría más cerca, igual que la Novia. «Debería estar aquí, no puede andar muy lejos», se decía a sí misma mientras cada vez avanzaba más hacia el bosque. De pronto, paró sus pasos para escuchar mejor un sonido que le llegaba de fondo. El corazón se le aceleró. Era el llanto de un bebé. Parecía lejano pero, conforme andaba, lo sentía más próximo. Cada vez era más fuerte. Le costaba mantener la emoción. Había un bebé cerca de ella que, quizás, alguien habría abandonado en mitad de aquel bosque. ¿Sabría cogerlo con la delicadeza que merecía? Ella, que no había sido nunca madre, ¿podría tratar a aquella criatura con el amor que necesitara en aquel encuentro? El llanto del bebé la guiaba hasta su posición detrás de las hojas enormes de un árbol situado a su derecha. Retiró algunas y, cuando ya estaba a punto

de ver a la criatura, cesó en seco el llanto, una mano tapó su boca y la arrastró entre los arbustos hasta hacerla desaparecer.

—10—

Todas esperaban ver regresar a Yerma y Novia con el balón de fútbol, aunque aquel retraso duraba ya más de lo previsto. De ello solo se había percatado la Conjuradora, que mantenía su mirada en dos zonas: el camino de regreso del jardín, por donde aguardaba a Yerma y Novia, y el asiento donde descansaba su hija. La muchacha, que ya no estaba distraída por el juego del partido, se adentró en la zona de ventas y seleccionó uno de los libros de Federico para leer, como había hecho tras su llegada. Localizó *Bodas de sangre*. Era el que más le interesaba y ahora, tras aquel encuentro en el bosque, estaba dispuesta a saber más sobre el pasado de Novia. Pasó unas cuantas páginas y salió hacia el exterior cuando sintió, más alta, la voz de su madre. Comprobó que había trasladado su inquietud sobre Yerma y Novia a la mayoría del grupo y cómo, luego, se adentraba en el jardín en busca de las dos compañeras.

Mientras se escuchaba cómo Dolores gritaba los nombres de sus amigas sin parar en su avance por el camino, su hija decidió sentarse de nuevo bajo la madreselva y abrir el libro por cualquier página. Lo hizo casi al final. De fondo, aún se percataba de algunas de las frases de preocupación de aquellas mujeres ante la ausencia de Yerma y Novia, pero prefirió obviarlas. La muchacha, en sus adentros, se quejaba de la alerta que su madre había creado, conocedora de que Yerma y Novia eran mujeres de campo que sabrían sortear cualquier contratiempo. Reflexionó que lo mejor que podía haber pasado era que ella misma no hubiese contado nada, a ninguna, sobre el hallazgo de aquella anciana en el bosque.

Avanzó en la lectura hasta que algunas palabras de aquel texto la hicieron estremecer, y se evadió de su realidad durante un buen rato. Pasados unos breves minutos, escuchó los comentarios en alto de Rosita y Amelia, avisando de que unos pasos se acercaban. El balón llegó rondando solo a los pies de Rosita, en un

primer término, y cuando todas levantaron la vista solo encontraron la mirada blanca y pálida de Conjuradora. Para entonces, la hija de Dolores ya se había asustado, tras leer que la mendiga de *Bodas de sangre* representaba la muerte y que en aquella escena definitiva de la obra abrió el manto «como un gran pájaro de alas inmensas». Ese era, precisamente, el último recuerdo que tenía de ella antes de quedar dormida. Para entonces, cuando ya un escalofrío recorría su cuerpo y ella ataba cabos en su cabeza, escuchó la voz de su madre decir a todas: «No entréis en el jardín. A Yerma y a Novia se las ha tragado la tierra».

LA ROSA BLANCA

— 1 —

Bernarda caminaba con la respiración agitada entre los arbustos y los árboles, sin levantar la cabeza del suelo y dando zancadas de un lado a otro. Su interior la golpeaba con la necesidad de orden y mando. Le aterrorizaba pensar que alguna de sus hijas hubiese podido desaparecer. La calima no ayudaba a aliviar el sofoco, tampoco el peso del cielo plomizo, que parecía tener partículas en suspensión. Se sorprendió cuando unas mariposas negras se cruzaron en el camino. Los insectos le provocaron rechazo. No sabía si por su naturaleza en sí o porque aquella negrura los identificaba con ella y el luto de sus hijas. En tiempos remotos, escuchaba leyendas en las que los bosques tenían un corazón donde latía lo mejor y lo peor de los instintos, y algo debía de estar agitándose a cada paso que avanzaba. Junto a las mariposas, notaba que algunas aves revoloteaban y emitían una mezcla de trinos y graznidos muy fuertes, como si se advirtieran de algo entre ellas. Bernarda localizó lo que buscaba: una rama de madera robusta caída de algún árbol, que le serviría para lo que necesitaba. Incómoda, huyó del lugar, donde se empezaba a sentir atrapada. Cuando llegó, observó a lo lejos a su madre jugando con aquellas mariposas que ella había rechazado y se sorprendió con las miradas de Rosita, Zapatera y Angustias, que conversaban en uno de los bancos de la entrada.

—¿Qué haces aquí? —cuestionó a su hija.

—¿Qué trae, madre? —devolvió ella, señalando el palo.

Bernarda hizo el intento de ocultarlo entre su falda, pero ya no tenía sentido. De refilón, vio que Zapatera jugaba entre sus dedos con una navaja cuya hoja sacaba y extraía de la cacha de madera que conformaba el puño.

—Esta locura se nos ha ido de las manos y hay que poner orden. Necesito un bastón.

—No me pida ahora que le vaya a pulir esa rama, que yo no soy su Poncia ni su Criada —advirtió Zapatera, elevando la navaja sin intención.

—Yo me sirvo sola —respondió, frunciendo el ceño—. Voy al cuartillo.

Cuando se alejó unos pasos, Bernarda devolvió la vista atrás hacia las tres, con el deseo de adivinar lo que decían sus murmullos, pero abandonó el intento. Cuando entró en el cuarto de los guardeses, su cuerpo chocó con el de la hija de Dolores, que salía precipitada del lugar con varios libros en la mano y sin decir nada.

—Qué intriga me genera esa muchacha —comentó en alto Rosita al verla alejarse también.

—Mi madre no sabe vivir sin el bastón. Necesita lanzar en él toda su fuerza antes de romper algo —retomó Angustias.

—Parte de razón tiene. Yo ya no sé dónde echar mis nervios.

—Estás nerviosa desde que hemos puesto un pie aquí, Zapatera —matizó Rosita, recordando su inquietud en la entrada de la casa cuando llegaron.

—No sabemos qué será de nosotras si vienen nuestros hombres. Y además, con la que traigo yo ya encima... No me pidas calma, porque entonces sí que tienes guerra —respondió, malhumorada, mientras se levantaba con la navaja en la mano y daba unos pasos inciertos y sin dirección ante ellas.

Angustias y Rosita se quedaron perturbadas ante su reacción. Cruzaban miradas entre sí sin averiguar qué más le ocurría. Estaban preocupadas por si se lastimaba con aquella hoja de metal que parecía sostener entre las manos sin ser consciente.

—Pero ¿dónde vas, Zapatera?

—¡No lo sé! —respondió irritada.

—Peor debería estar yo, que estoy angustiada solo de pensar que primo puede venir —expresó Rosita—. Al menos, tú y Zapatero estáis juntos.

Justo cuando pronunció aquellas palabras, Zapatera exhaló un suspiro y se dejó caer entre las dos en el banco, con la mirada perdida entre la niebla que se cruzaba bajo sus pies, y plegó la navaja, para tranquilidad de sus compañeras.

—Zapatero y yo ya no estamos juntos. Nos hemos separado.

—¿Otra vez? —preguntó sorprendida Angustias.

—Sí, otra vez, qué puntillosas sois. Al fin y al cabo, la primera vez solo estuvimos tres meses juntos... Pero es que... no puedo estar con él.

—¿Por qué no lo has contado? —cuestionó Angustias.

—Maldita hora, maldita hora en que le hice caso a mi compadre Manuel —sostuvo, llevando las manos al aire y luego al pecho—. Siento como si tuviera un ovillo aquí dentro *liao* que no sé cómo desenredar. No dije nada por el miedo a qué diríais o a decepcionaros.

—Pero somos nosotras —justificó Rosita.

—Lo sé, pero a quienes menos quería contarlo era a estas —comentó, señalando a Angustias y mirándola—, porque mira que os gusta en vuestra familia hincar el dedo en la llaga, alimañas. Luego, a ratos, pienso en mí y en que nada de eso debe importarme. No hice nada malo. No tenemos que querer para siempre a alguien. Es demasiado mayor, no tenemos ni los mismos sueños ni las mismas necesidades. No es mal hombre, es solo que no es él.

—No os entendéis —añadió Rosita, por si aquel intento de comprensión rebajaba su malestar.

—Es que no hablamos el mismo idioma. Es como si yo hablara andaluz y él, chino, no sé si me explico... Mira, pienso en Emiliano, con su jaca negra con borlas y espejitos, su varilla de mimbre en mano y las espuelas de cobre reluciente... ¡Y aún me da sofocos el recuerdo! Pero miro a Zapatero..., le miro..., le miro... Y es como si viera a un desconocido. Y eso me da miedo. Eso y alguno de sus amigos. Un día él se quejó de mi carácter, porque quería una mujer callada, y ya sabéis que no lo soy. Y el alcalde le contestó que no sabía cómo un hombre de verdad no podía meter en cintura a una mujer. Le decía que a las mujeres hay que darles apretones en la cintura, pisadas fuertes y voz en alto, y que, si aun con esas hacemos quiquiriquí, darnos con la vara.

—¡Virgen santa! —exclamó Angustias—. Escuché hace un rato a Belisa contar que la criada de su Perlimplín también decía que la mujer es débil si se la asusta a tiempo. ¡Ay, a mí todo esto me deja con miedo en el cuerpo!

—Nunca lo hizo, confieso. Mejor que se fue, pero os cuento esto —prosiguió— y lo veo tan claro... Él ya no es el que era. Y yo... yo, después de este año, tampoco. Soy otra.

Las tres callaron. Sus mentes tenían nuevas ideas y reflexiones, pero no sabían bien cómo hacer el cambio. Aquellas voces interiores golpeaban aún muy dentro, y Angustias y Rosita sentían cierta envidia de que Zapatera hubiera tenido el poder de romper aquel lazo de dependencia con el pasado.

—¿Y si viene tu primo, que harás, Rosita? —preguntó Angustias, intentando adivinar qué pensaba en aquel silencio.

—¿Si viniera Pepe el Romano, qué harías, Angustias? —devolvió.

No tenía respuesta, salvo encogerse de hombros y una mirada de indecisión.

—Hemos aprendido cosas en este año, pero miradnos... Estamos aquí las tres sentadas, pensando en ellos, y con inquietud solo de imaginar que puedan volver.

—Ojalá llegue el día en que nos libremos de estas cadenas, de sus sombras, de sus nombres, y que no ocupen más nuestras cabezas ni nuestros corazones. Porque si no se preocuparon de nosotras, no deberíamos ocuparnos de ellos. En mi caso, le viene grande hasta la palabra «hombre» porque ¿qué clase de hombre es el que no cumple con su palabra? —reflexionó Rosita con tono firme—. Suerte tú, Zapatera, que ya has podido soltar.

—No creas..., que si aparece tras ese árbol lo mismo me llevan los demonios. Aún no he podido sacarlo de aquí dentro —mantuvo, al tiempo que se daba pequeños golpes en la frente y agarraba de nuevo la navaja—. Voy a ver a tu madre, que lijando la madera tiene que ser un teatro puro. A saber con qué lo está haciendo.

Zapatera se levantó para buscar a Bernarda y dejó a Rosita y Angustias separadas entre sí, a cada lado del banco, pero con la mente enlazadas en aquellas ideas que compartían.

—¿Te puedo preguntar algo privado, Rosita? —Angustias esperó a que la joven asintiera para continuar—. Las dos fuimos dejadas por un hombre que se marchó con otra mujer, pero no siento que te removiera esto tanto como a mí. No sé si porque, en mi caso, era mi hermana, y en el tuyo, una mujer desconocida y lejana a ti. Aquello fue como si me clavara un puñal en el pecho. Aún hoy dudo de si, realmente, valgo como mujer.

—Tú sabías por quién te abandonó, pero yo nunca lo supe. Y a veces hubiera querido saber cómo era... Si sería más guapa que yo, más inteligente que yo, más alta, quizás, más morena, con más pecho o más labios, quizás con más nombre que yo: una solterona que vive en un carmen granadino y que es la sobrina de... En fin...

—No sé cómo te pudo dejar, si tú eres preciosa, no cómo yo.

—¡No digas eso, Angustias!

—¡No mientas, Rosita! Tengo espejos en casa, y soy lo que se refleja. La vieja de todas las hermanas, la fea, la mustia, que no me quiere ni un hombre. Con cuarenta años y nunca he escuchado un «te quiero» sincero de sus gargantas y no he sentido cómo me rodean sus brazos ni cómo me aprietan sus labios. Ni uno solo. Como si fuera invisible.

—No sé si me dolía más pensar que no valía para él o que me mintiera tanto —deslizó Rosita.

—Un día, sin que madre lo supiera, le pedí a Pepe quedar más allá de las rejas y vernos de cerca. Y cuando ocurrió, que yo me hubiera lanzado a su cuello y a su olor a morderlo... él ni me tocó. Aquella noche lloré como un río sin saber que ya abrazaba a Adela. Ni me tocó. Aquella noche lloré porque sentí que debía de ser muy fea y que no valía nada para él. Ni me tocó. No fuimos suficiente para ellos, Rosita, no fuimos suficiente. Y quizás ni sienten que nos abandonaron porque nunca estuvimos en su corazón, en verdad.

Los gritos de Zapatera con Bernarda, que salieron de la habitación peleando por el acabado del bastón, enfriaron de golpe aquella charla. Angustias corrió a frotar sus ojos y a retirar las lágrimas de ellos, y Rosita hizo lo mismo. El gesto les hizo darse cuenta de que ni siquiera entre ellas mismas podían ser libres. Tenían siempre que disimular. Si estaban tristes, debían parecer alegres. Y si estaban alegres, moderarse. Rosita extendió la mano a Angustias, que la apretó, sintiendo que por primera vez tenía una comprensión real fuera de su casa. Siguiendo el camino de voces que marcaban Zapatera y Bernarda, decidieron acompañarlas e ir tras sus pasos, hasta entrar todas a la casa, donde Bernarda aprovechó para mostrar el nuevo bastón.

—Pero, madre, ¿otra vez un bastón para dominarnos? —se quejó Amelia.

—Lo que sea necesario si corremos peligro. Y si todas vamos a una y llegan esos hombres cargados de mal, demostraremos que aquí mandamos nosotras.

Martirio y Amelia abrieron la boca, sorprendidas de escuchar a su madre así, y entre todas las mujeres provocaron un tumulto de comentarios. El bastón pasaba de mano en mano para ser valorado, y Zapatera discutía con Bernarda sobre lo mal que estaba acabado el objeto, a la vez que mostraba su navaja y simulaba cómo debía proceder para mejorarlo. Entre todo el alboroto del momento, Criada intuyó escuchar unos golpes en la puerta. Alertada, hizo a las demás una señal de pausa y silencio. Todas obedecieron, atentas a su llamada de atención. Dos golpes con los nudillos volvieron a sonar, no muy fuertes. Provenían de la puerta verde, que no se había cerrado del todo. Sabían que la madre de Bernarda no podía ser, porque ella nunca pedía permiso. Rosita volcó su cuerpo hacia la ventana, para ver si intuía quién llamaba, y Conjuradora levantó las manos con una indicación de que mantuvieran la calma. Sonaron dos golpes más. «¿Será Federico?», balbuceó con una voz muy tenue la hechicera, marcando una sonrisa profunda que contagió al resto. Dolores les pidió por gestos que aguardaran en el comedor y, casi de puntillas, avanzó hacia la puerta entreabierta. Con cuidado, la abrió lentamente, confiando en hallar el rostro de Federico tras ella y con todas las esperanzas de poder encontrar una solución a aquella incertidumbre. El resto de las mujeres aguardaban expectantes que Dolores pronunciara el nombre del poeta cuando, de pronto, oyeron que Conjuradora preguntaba quién era y, sin aún llegar a verla desde el comedor, escucharon la voz de una mujer.

—¿Es aquí la boda de Novia? Soy su prima, la mujer de Leonardo.

—2—

Dolores no contaba con que pudieran acudir nuevas mujeres a aquella historia, pero aquella aparición confirmaba su sospecha de que había un camino que también podían tomar los hombres. La prima de Novia no había sido convocada y, aunque se moría de ganas de preguntar cómo había llegado hasta allí, prefirió no hacerlo para no intimidarla. La joven, de aspecto frágil y reservado, miraba a las mujeres de la casa, sorprendidas tras la noticia que acababan de conocer, mientras tomaba asiento y Poncia le acercaba un vaso de agua. Todas, repartidas por las diferentes sillas del comedor o bien de pie, apoyadas en la pared, como Amelia o Martirio, eran prudentes en aquella situación. Ni siquiera Bernarda, sentada como antaño en su asiento frailero y descansando sus intrigas sobre el bastón, retiraba la mirada de todo cuanto ocurría en aquel instante.

—¿Están seguras de que mi prima ha desaparecido? En el pueblo todo el mundo cuenta que hoy Novia se casa con Leonardo. Que en la última romería

le pasaron un ritual para traerlo aquí y que, si se casaran, estarían juntos para siempre —cuestionó la joven, mientras tomaba el primer sorbo.

—Así es. Ese ritual, me temo, era una trampa. Novia ha desaparecido junto a otra compañera —recordó la Conjuradora—. Y si has llegado hasta aquí sin aviso, es porque hay una conexión abierta entre los libros que no debería existir.

—No lo comprendo, yo vine por... —la joven hizo una pausa y evitó pronunciarse, guardando para sí el secreto de su llegada—. No importa. ¿Y de Leonardo saben algo? Se rumoreó en el pueblo que el año pasado se reencarnó en un caballo. Y mi prima y él se vieron.

Todas cruzaron sus miradas, sin saber si realmente aquella información dolería más a una joven viuda que también había tenido que soportar un trauma al que nadie prestó atención.

—No sé si es bueno que lo sepas —comentó Rosita.

—Con esta frase, y con las miradas de silencio que sostenéis entre vosotras, habéis dado respuesta. Era mi marido y el padre de mi hija... Merezco saberlo todo.

—Hace unas horas, cuando llegamos de madrugada, sentimos el sonido de un caballo rodeando la casa. Comprobamos que había unas huellas a unos metros de aquí y hallamos esta herradura del animal —anunció Belisa a la joven, mientras la extraía de un bolsillo de su vestido y se la mostraba. La había guardado cuando Novia, en su último encuentro y de camino a casa, se lo pidió.

La prima de Novia la cogió y la miró unos segundos que parecieron trasladarla en el tiempo. Sin dejar de examinarla y sostenerla entre sus manos, decidió compartir aquel recuerdo.

—Leonardo llevaba más de dos meses poniendo herraduras nuevas antes de que todo pasara. El herrador le comentó que el caballo se las arrancaba con las piedras, pero las mujeres que recogían alcaparras confesaron que veían a Leonardo más de una vez al límite de los llanos, y que el animal llegaba sudando. Me lo negó... Esta herradura quizás sea de él. Son las que yo veía al herrero hacer en la forja cuando era pequeña y padre me llevaba allí. Pero también pueden ser de Novio. Todos los hombres del valle van al mismo herrador.

Un escalofrío atravesó el cuerpo de todas en aquella sala marcada por una luminosidad entre sepia y anaranjada, propia de la calima. Rosita observó el tono blanco de la rosa, que le produjo mayor inquietud, y recordó la llegada de aquella madrugada y por qué, antes que nadie, Leonardo ya estaba merodeando la casa. Sobre todo, si no tenía ninguna mala intención. O, quizás, aún peor, era Novio. Y también se preguntaba cómo habían llegado hasta allí incluso antes que ellas mismas.

—¿Viste a tu prima después de...? —curioseó Belisa, sin atreverse a decir la palabra.

—Después del crimen... Sí, la vi. Pero nunca hablé con ella. Acababa de quedarme viuda, con un bebé en brazos y otro en camino. Si hubiese hablado con ella, no sé qué habría hecho. Es sangre de mi sangre. No fue una cualquiera. Demasiada humillación. No lo pueden entender.

—Se entiende. Más de lo que piensa.

La sentencia de Bernarda dejó a toda la sala enmudecida y a la mujer de Leonardo, además, le generó una incertidumbre mayor.

—Mi hermana se mató cuando descubrimos que estaba con mi prometido —desveló Angustias ante la sorpresa de todas.

—Ya lo dije. Las cosas se repiten. En la historia de las mujeres todo es una terrible repetición. El mismo sino de una madre, de una abuela, de una prima o de cualquier otra mujer —recordó Martirio.

La joven inspiró con fuerza, consciente del alcance de aquellas palabras, aunque reconocía algunas diferencias.

—Al menos, tú no llegaste a construir nada. Yo sí. Tres años de novia. Me casé. Obedecí todas las normas. Cumplí como mujer y amante. Y tuve un hijo, y luego otro. Y no faltaba en casa, entregada siempre a su llegada, sin pensar en mí —declaró, con la mirada hacia un punto vacío—. La familia, lo primero. Pero mi Leonardo ya no me miraba igual. Tenía espinas en sus ojos. Ni me abrazaba ya con fuerza, ni cumplía sus promesas, y en sus palabras siempre había un desprecio. Ni apenas sujetaba a nuestra criatura. Yo pensaba y no quería pensar. Y cuando él se iba, venían las vecinas cargadas de dimes y diretes sobre él. En el casamiento

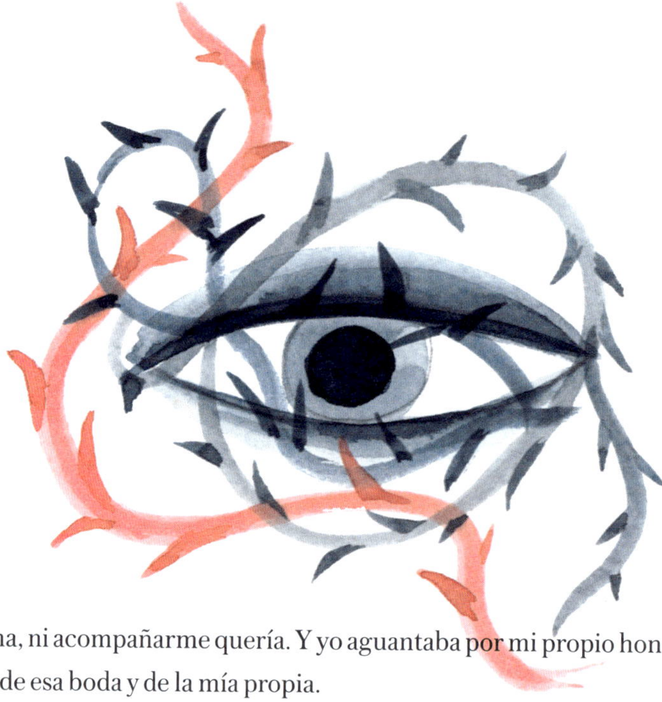

de prima, ni acompañarme quería. Y yo aguantaba por mi propio honor. Maldita la hora de esa boda y de la mía propia.

La prima de la Novia resopló con rabia. No sabía cómo había abierto su corazón ante todas ellas, sacando fuera recuerdos a los que nunca antes se había referido siquiera. Bebió otro trago de agua, que casi se le atragantó cuando la puerta, que estaba cerrada, volvió a ser golpeada. Todas se encogieron y a sus cabezas llegaban nombres diferentes: Federico, Leonardo o el de cualquier desconocido. Y, cada una, pensaba que quizás podría ser su hombre. Los golpes se volvieron a repetir. Dolores fue de nuevo hacia la puerta y sugirió en voz baja que quizás fuera su propia hija. Caminó intentando que nadie percibiera su inquietud y, cuando abrió, apareció una mujer mayor vestida de luto, arrugada y marchita, con un chal negro apretado a los hombros, que entró en la casa sin preguntar, movida por el deseo de localizar a alguien. No escuchaba las advertencias de la Conjuradora, hasta que llegó al comedor y vio a la mujer de Leonardo.

—¿Qué hace ella aquí? —preguntó, ante la sorpresa de la joven, que se mostraba asustada.

—¿Quién es usted para entrar sin permiso? —cuestionó Dolores.

—Tengo a mi marido y a mis dos hijos bajo tierra por culpa de los Félix. Ella era la esposa que no supo poner cuerda a su marido y evitar que se fuera con la golfa de su prima. Soy la madre de Novio. Y hoy dicen que aquí habrá una boda de Leonardo con esa fulana que provocó la ira de la carne de mi carne. ¿Dónde está Novia?

—Novia es nuestra amiga y ha sufrido durante años, perdida con el peso de aquel drama.

—¡¿Drama para ella?! —repitió la madre, con vehemencia y enfado, a Belisa—. Drama para mí, que estoy sola. ¡Aquello fue pecado! ¡Que venga Dios si miento! Hay que hacer justicia. No he venido desde lo más lejos para volver de manos vacías. Aquí no habrá boda, y si Leonardo vuelve tendrá que verme. ¿Dónde está la Novia?

—No está —confirmó Rosita.

—¡Yo la espero! ¿Se ha vuelto a fugar?

—No, ha desaparecido. Con otra compañera.

—¿Por dónde?

—Por la entrada del jardín que comunica con el bosque.

—¿Al bosque? Yo he tenido que bordear el camino porque el calor me quemaba. Desde ahí dentro avanza un fuego que llegará hasta aquí antes de la madrugada.

—¿Un fuego? —preguntaron varias de las mujeres a la vez, temiendo por la suerte de Novia y Yerma.

—Tenemos que irnos de aquí —comentó Angustias.

—De aquí no nos vamos sin Yerma ni Novia —aseguró Rosita.

—Si es que ya no han muerto —sentenció Bernarda.

La madre de Novio asintió sin alarmarse.

—Yo no lloraría su muerte. Que el destino marque su final.

—3—

La madre de Novio salió a la placeta de la Huerta. La excusa fue tomar aire, pero, en realidad, sabía que dentro del comedor no era persona grata. Aquel grupo de mujeres estaba unido y no tenía nada en común con ellas. O eso pensaba. En el interior, todas preguntaban a la prima de Novia para saber si, de todos aquellos recuerdos, tendría alguna clave para localizarla a ella o a las dos compañeras. Todas menos Bernarda, quien no despejaba la mirada de la madre de Novio. Nada más con su presencia en aquella sala había notado que tenía más en común con ella que con ninguna otra. Su impronta, su firmeza, la sequedad de sus palabras... le hacían sentirse frente a un espejo. Pero le incomodaba asumir aquel reflejo sobre sí misma. Porque, aunque albergaba dentro toda la educación, las ideas y las órdenes con las que creció y vivió, que eran cadenas de las que aún le era complicado librarse, aquella mujer representaba a la Bernarda del año anterior, antes de que la catarsis ocurriese. Mientras las demás estaban distraídas, cogió la navaja de Zapatera sigilosamente, su bastón y salió fuera. La madre de Novio estaba sentada en uno de los bancos de madera de la entrada, mirando hacia el bosque del que esperaba que aparecieran Novia o Leonardo. Tan concentrada estaba en aquella idea que ni se percató de que Bernarda se había sentado en el mismo banco que ella, al otro extremo. Solo reaccionó cuando escuchó un sonido que raspaba y vio que lanzaba trozos y volutas de madera al aire.

—Pero ¿qué hace con una navaja en sus manos? ¡Malditas sean todas y quien las creó! —gritó la madre de Novio, horrorizada por la presencia de aquel objeto.

Bernarda no se alertó y siguió puliendo su bastón con el filo del cuchillo.

—No se altere. En nuestras manos no corre peligro.

—Las navajas atraviesan cuerpos, se manchan de sangre, arrancan latidos de los corazones y cierran ojos para siempre. Así fue con mis hijos.

— Las navajas matan, pero también cortan el pan del hambriento. Las navajas no matan por sí solas, sino por la mano que las sostiene y a la que se educa para que hable con la lengua de la sangre —sostuvo Bernarda.

La madre de Novio tragó las palabras malsonantes que quería pronunciar ante aquella reflexión, que le pareció inapropiada. Lanzó una exhalación fuerte y se giró de nuevo hacia la entrada del bosque.

—¿Es cierto eso qué dicen por todos los pueblos y villas?

—Diga.

—¿Esa bruja le hizo ver a su hija muerta?

Bernarda paralizó su respiración unos instantes y meditó. Solo podía, ante ella, responder como madre.

—La vi. Y la toqué.

—¿Está segura?

—Que me corten la lengua ahora mismo si miento.

—Mi hijo es una voz oscura detrás de los montes. El eco de su voz me lo devuelve la montaña... Es lo único que mitiga su falta. Yo lloro a mi hijo bajo tierra, habiendo sido un santo, y usted ha abrazado a su hija, habiendo ella cometido pecado. Dios no es justo.

—De mi hija solo puedo opinar yo, que para eso soy su madre. Usted se calla. No es la única. Somos muchas las madres que vamos al camposanto.

—Yo tengo camelias de escarchas. Usted no entiende nada. Yo me mojé las manos con la sangre derramada de mi hijo y me las lamí, porque era la mía propia. Usted no puede. No sabe lo que es criar varones.

—Ni usted qué es criar hembras, con todo en contra. Yo crie niñas con miedo, menos una, a la que no había muro que la parase.

—Yo quería que mi hijo fuera mujer, para tener vida tranquila.

—Que nos manden callar todo entre paredes no es paz. Es poner puertas a lo que se escapa por las rendijas. Ahogarte cuando quieres respirar.

—Mi hijo era un hombre hermoso, con flor en la boca, hasta que un cuchillo como ese que usted tiene lo atravesó y arrancó su alma. A ellos hay que criarlos con la fuerza para que se defiendan. A ellos hay que criarlos para que se preparen para morir. A nosotras, para amortajarlos, enterrarlos, llorarlos y guardar silencio.

—Yo no diría lo mismo —lanzó Bernarda, mientras seguía laminando aquel bastón con la navaja.

—¿Por qué? Sabe que llevo razón, usted tiene fama de mujer aún más recta que yo.

—Usted también lo es. Hicimos de padres y varones de casa.

—Y nunca estaremos a la altura de los que ellos hacen. Mucho más. Sabe bien que los hombres van a la guerra.

—Porque ellos las crean.

—Porque son más valientes.

—Para mí es valentía huir de las guerras con los niños, guardar silencio, callar humillaciones o soportar lutos. Porque nada de eso es vida. Yo pregoné que la muerte hay que mirarla cara a cara. Mis hijas lo saben. Y yo decía aquello de hilo y aguja para las hembras, y látigo y mula para el varón. Es lo único que nos enseñaron. Pero ellos van a las guerras por obligación y porque no entienden de otra lengua que la violencia. Mire a los Félix y sus hijos, por salvar su honor acabaron en la tumba.

—¿Acaso dejar a unas hijas encerradas en un mar de luto no es otra tumba? Yo lloro al mío. Y los crie pensando que estarían destinados a morir, porque ese peligro oscuro siempre rondaba. Las mujeres estamos solo para llorar y recordar.

—No es así —repitió Bernarda—. Yo tuve que enterrar a mi hija por culpa de un hombre. Y cargada de culpa.

La mujer miró a Bernarda y se giró hacia ella.

—Usted no sabe aún qué es la nada y el vacío. A mí ya nadie me llama madre. No escucho esa palabra, salvo cuando camino por los benditos trigos y siento que mis hijos están bajo ellos y me gritan desde la tierra. Pero son alucinaciones mías. Madre, nadie me llama madre... Yo tengo a mi marido y mis dos hijos muertos. He parido solo muerte. Muerte que alimentó a los gusanos y luego fue polvo.

Bernarda plegó la navaja, dejó descansar la fuerza de sus manos sobre el bastón y miró con decisión a la madre de Novio.

—Una hija que desobedece deja de ser hija para convertirse en una enemiga. Ya lo dije. Usted no sabe lo que es escuchar veneno de su hija hacia una misma. Después de haberla parido desde mis entrañas. Sangre de mi sangre. Sus hijos nunca la odiaron. Las mías, sí.

—También hay que saber ser madre.

—¡No me juzgue! No sabe lo que es criar a unas mujeres de las que todo el pueblo habla. Que usted y yo fuimos viudas y tuvimos que cargar con nuestra responsabilidad y la de ellos. Ya me culpo de lo que ocurrió yo misma cada día. Y bien que pido perdón a Dios y a todos los santos. Y pagaré con ello el día del juicio final. No me importa. Pero también culpo a un pueblo que no supo crear mujeres libres sin que fueran calumniadas ni sentenciadas, hicieran lo que hicieran. Yo era de las que gritaba frente a los deseos de las mujeres: «¡Carbón ardiendo en el sitio de su pecado!». Y gritaba que la mataran. Sin pensar que alguna de mis hijas pudiera sufrir semejante castigo. Sin pensar que ellos provocan pero también obligan porque saben que guardamos silencio. Si las paredes hablaran... A las mujeres no se les pide lo mismo que a los hombres.

—Así ha sido siempre. Hay que dejar claro qué se espera de una mujer. Yo se lo advertí a Novia: «Un hombre, unos hijos, y una pared de dos varas de ancho para todo lo demás», porque el mundo es de una mujer con un hombre y ya está. Novia nunca lo entendió. Era planta de mala madre.

—Somos demasiado duras con nosotras mismas.

—Con lo que nos toca. Y sin quejas. No cargamos con sacos de molino, como hombres.

—Cargamos con lo nuestro y con lo suyo —aclaró Bernarda, seca, consciente de que esas palabras ella no las hubiese pronunciado hacía un año—. Ellos solo piensan en ellos. Y nosotras tenemos que pensar en todo el mundo menos en nosotras mismas. Ellos se lavan las manos con los problemas de los hijos. Y más aún si son hijas.

—Ellas no deben dar problemas, para eso son mujeres. Yo quería una nieta para bordar y hacer encaje y estar tranquila.

—En mi casa no habría habido problema si no hubiese tenido que casar a Angustias a la fuerza. En mi casa no habría habido problemas si Pepe el Romano hubiese respetado la sangre de mis hijas para no enfrentarlas.

—Gracias doy por saber de esta boda —lanzó la madre de Novio al aire, con un cargado suspiro.

—¿Cómo se enteró?

—Todo el pueblo lo sabe. La bruja se encargó de ello y me encomendó seguir este camino.

Bernarda reaccionó con una mueca de asombro.

—La bruja del pueblo es Dolores, está ahí dentro.

—Ella no. Ella solo aprendió de la verdadera bruja del pueblo. La que me devolverá a mi hijo hasta aquí, esta noche, como la otra hizo con tu Adela. Y también volveré a ver a Leonardo. Juro que, en cuanto lo vea, se me llenará de cieno la boca, y capaz sería de escupir en la cara y llevarlo contra la tapia. Que derrame su sangre como mis hijos la derramaron.

—Si aparece Pepe el Romano, juro que estas manos se me escapan a su cuello. Y si aparecen más hombres, nos tendrán enfrente. Ya no somos las mismas mujeres que creó Federico.

La madre de Novio respiró profundo.

—No hay consuelo.

—Nunca habrá consuelo.

4

Toda aquella situación empezaba a saturar a Dolores. Había preferido alejarse del comedor y tampoco quería unirse a Bernarda y la madre de Novio. No deseaba que la acribillaran a preguntas. También aquel cielo anaranjado de la calima le generaba mayor tensión y hasta dolor de cabeza. Ya tenía bastante con no haber resuelto nada. Asumía sobre ella la responsabilidad de que dos mujeres hubieran desaparecido. Tampoco lograba quitarse de la cabeza que, esta vez, no sabía cómo conseguir que Federico regresara. Realizar otro conjuro a todas, como el año anterior, solo facilitaría que los hombres llegaran hasta la Huerta.

La presencia de la prima de Novia y la madre de Novio demostraba que el camino entre los libros y el mundo real estaba abierto, y que quizás incluso Yerma y Novia ya se encontraban muy lejos de allí. Pensaba que las cosas tenían un porqué. El año anterior el motivo de todo era localizar a Federico y aprender a liberarse de ellas mismas, pero, en esta ocasión, ¿para qué había sido? Todo estaba lleno de sinsentidos. Nada funcionaba como planeaba. Ni siquiera el tiempo. El cielo cada vez era más naranja, como un reflejo del fuego que había prendido a unos kilómetros de allí. La ceniza de aquel incendio comenzaba a llegar, mezclada con el polvo del desierto, y creaba ese paisaje sobrecogedor que podría pasar por la puerta del mismísimo infierno. Ver la rosa blanca, con sus pétalos cada vez más deteriorados, no la relajaba. Al contrario, aumentaba su tensión. Estaba tan agobiada con lo que había ocurrido que incluso cuestionaba su capacidad como bruja.

Y con aquellas dudas, no sabía cómo afrontar la conversación con ella... El otro nudo que le atravesaba la garganta y el alma. Su hija descansaba en el suelo, bajo un árbol de la entrada con unas ramificaciones profundas, abducida por la lectura de los libros de Federico. Quizás, pensó, ella era el relevo, y retrasar aquel aprendizaje solo acarrearía problemas. Se fijó en su rostro y comprobó que sus gestos no eran complacientes ni placenteros, sino que estaban cargados de tensión y preocupación. No quería invadir su espacio, pero sentía que debía llamar su atención de alguna forma. No hizo falta. La hija sintió cómo el peso de los ojos de su madre descansaba sobre ella, y cruzaron sus miradas.

Dolores permaneció sin moverse de su sitio, sin saber cómo reaccionar. Y respiró aliviada cuando su hija, tras unos segundos de pensamiento, decidió llamarla. Obedeció y se sentó junto a ella sobre la hierba, mientras la muchacha cerraba algunos de los libros de Federico, pero sin llegar a mirarla. Unas mariposas negras pasaron por delante de ellas y unas aves asustadas revolotearon sobre sus cabezas. Dolores miró hacia el cielo, con ese tono anaranjado, y tocó las hierbas sobre las que estaba sentadas. En su tacto, notó que las cenizas del incendio estaban llegando ya a la casa, transportadas por el aire y mezcladas con la arena del desierto.

—Tiene razón la madre de Novio. Los animales huyen del fuego hacia aquí.

—He visto varias mariposas negras desde que he llegado —anunció su hija, mientras jugaba con las hierbas de la tierra y pensaba qué hacer con todo lo que callaba.

—También las vi. Las mariposas de colores han desaparecido. Nosotras mismas abandonamos esta casa hace un año como mariposas de colores. Pero estas me inquietan.

—Hay tribus ancestrales que asocian la mariposa negra con el mal agüero. Incluso la llaman mariposa de la muerte. Y está el eclipse, además.

Dolores dibujó una pequeña sonrisa ante el espíritu de curiosidad de su hija, porque ella no le había hablado de eso.

—¿Ves este árbol? —La joven obedeció y observó con atención desde la raigambre de la superficie hasta la copa superior, tras recorrer todo el tronco—. Aquí donde lo ves, solo, este árbol necesita aire para respirar, lluvia para nutrirse y tierra para hundir sus raíces en la solidez y vivir... Todas estas raíces marcan el origen. Todo el mundo lo tiene. Tú también, no te olvides de ello.

—Pero... hay árboles que mueren, sobre todo en verano, cuando el fuego los arrasa igual que cualquier dolor nos arrasa por dentro.

—O puedes ser como uno de esos árboles que sobreviven al fuego. Algunos protegen su tronco con corcho para que nada alcance su corazón. Otros se protegen con resinas o dispersan piñones para garantizar que resurgirán de entre las cenizas. Un fuego puede arrasar y hacer que no brote nada tras él, y otros, que de las cenizas, como un ave fénix, resurja la vida. Recuerda siempre eso. Hay fuegos regeneradores sobre cualquier ceniza de destrucción —Dolores meditó e hizo una pausa—. No quiero que te preocupes, pero que sepas que, si me ocurre algo, deseo que leas los libros que te prohibí hasta ahora.

—Me asustas.

—Necesito que aprendas algo muy básico. Sabes que los mundos se conectan entre los humanos y los libros, entre los vivos y los muertos. Están las reglas. Pero todos esos universos se conectan por los cuatro elementos de la naturaleza: tierra, agua, aire y fuego. Son la energía más pura. Y, aunque parezca que no podemos dominarlos, hay técnicas y conjuros que sí nos lo permiten cuando hay que luchar contra el mal. Esos elementos conectan todos los mundos y todas las religiones, donde quiera que vayas. Y todos se complementan entre sí. La naturaleza siempre da las respuestas.

—¿Qué pasa, madre?

—Tenemos que estar preparadas para todo... Y yo me siento inútil, hija, porque no sé qué hacer. No soy la gran Dolores que todo el mundo dice. Es como un inmenso rompecabezas donde me faltan piezas que no tengo. Hay cuestiones que se me escapan, y así no puedo controlar nada. Todo me deja sin fuerzas para pensar, para decidir y para hacer. No estoy a la altura, ni de lo que esperan ellas..., ni he estado a la altura de lo que tú has esperado de mí.

La muchacha se compadeció tras escuchar a su madre. No sabía cómo empezar, pero sentía que debía hacerlo. Miró aquel cielo intenso amenazante. Quizás, sacar todo aquello que guardaba serviría de algo. Para ella, para su madre, para todas. Y confesó. Desde la desaparición de Yerma y Novia a todo lo anterior. Reconoció hablar con la anciana del bosque, de la que poco más recordaba, salvo el momento final antes de quedar dormida, y de la obligación de no contar nada para no romper el hechizo.

—Esto ha ocurrido por mi culpa, madre. Y bien que lo siento. Yo solo quería controlar el daño de los hombres...

—Y yo no te ayudé. Te callé y no te quise escuchar más. Debí pensar que intentarías otros caminos. La culpa es mía —asumió Dolores—, pero ahora empiezo a entender algunas cosas. Necesito que recuerdes todo, por favor. ¿Te habló esa anciana de mí?

La joven describió su aspecto y relató, con más detalle, cada uno de los recuerdos que conseguía rescatar de aquel momento. De pronto, hizo una pausa en algo que rebrotaba en su cabeza.

—Sí, me preguntó por ti. Me dijo que compartió contigo aprendizajes durante un tiempo... Que fue maestra, pero que no fuiste agradecida. Después leí esto...

La hija le mostró la página de *Bodas de sangre* donde la mendiga extendía su capa a modo de alas, como había hecho con ella.

—Si les ocurre algo a Yerma o Novia no me lo perdonaré —respondió la madre—. Es cierto que esa mendiga me enseñó, hasta que me advirtieron de que me alejara de ella. Esa anciana solo hace malas artes y nos sentenció a todas las que no seguimos su camino. Desde que supo lo que ocurrió el año pasado, intentó manchar mi nombre muchas veces.

—Hay algo más que no te conté... Le eché las cartas del Tarot a Yerma en esa caseta de ahí y...

—Di, ¿qué viste?

La muchacha sacó del interior de su vestido la bolsita donde guardaba las cartas y las expuso una a una sobre la hierba. Estaban ordenadas de la misma forma en que las dispuso delante de Yerma y después las retiró. Dolores comprobó que se desplegaban ante sí el esqueleto de la muerte a caballo, la torre ardiendo, las diez espadas clavadas, las tres espadas atravesando el corazón y el diablo. Las dos cruzaron sus miradas, conscientes del valor de aquellas figuras y del posterior destino de su compañera.

—¿Yerma lo llegó a saber?

—No. Las retiré antes de leerlas y perdí el flujo de energías.

Dolores ordenó aquellas ideas en su cabeza y se mostró más firme ante la noche que se avecinaba. Romper aquel muro invisible con su hija y aquella información que acababa de recibir provocaban un nuevo ánimo en su interior que la activaba.

—Vienen cambios, sí, hija. Pero podemos darles la vuelta a esas cartas.

—Sabes, como yo, que la primera lectura no es buena. Vendrán fuerzas emboscadas e inexplicables.

—Aunque venga algo doloroso, podemos transformarlo. Aún podemos tener esperanza.

—¿Cómo, madre?

Hizo una pausa, calculando los siguientes pasos.

—Convocar a las muertas.

—Es peligroso. ¿Y cómo lo harás?

—Lo haremos juntas. Eres sangre de mi sangre.

—*5*—

Estaban sobrecogidas por aquel cielo que bañaba todo de ese color naranja tierra hasta crear un paisaje desconocido. Había desaparecido la casa blanca, las flores intensas, los árboles verdes y todo lo que mirasen. Era como si el mismo inframundo las rodease. Dolores les había explicado que el calor, el incendio en camino y el polvo del Sáhara eran los responsables de aquel paisaje casi tenebroso, pero no podían dejar de imaginar que aquella cúpula anaranjada sobre ellas era otra especie de maldición. De hecho, ya les afectaba en su salud, en un continuo estado de ansiedad y molestia, además de tos y picor de ojos cada vez más frecuentes. Todas recordaban la despedida de Dolores y su hija, quienes les ordenaron cerrar la puerta y no salir hasta su regreso, como protección frente a las molestias de la calima y ante cualquier peligro. Todas menos la madre de Bernarda, que se refugió en el cuartillo bajo la escalera, donde permanecía hablando consigo misma mientras disponía y separaba hojas y flores por el suelo, como si las ordenara.

La Conjuradora avisó de que tenían que entrar al bosque a llamar a las muertas como única forma de localizar a Yerma y a Novia. Su marcha dejó inquietas a las mujeres, en especial, a Bernarda y sus hijas. La sola idea de que por ese espacio pudiera regresar Adela las situaban ante otra nueva angustia. Aunque aquel primer encuentro se había producido hacía justo un año, volver a verse conllevaba afrontar otras conversaciones pendientes. La madre de Novio y la mujer de Leonardo no entendían bien el desarrollo de los acontecimientos, así que entre todas narraron lo sucedido y fueron desvelando situaciones del año anterior, para que comprendieran el alcance de aquella cita. La madre de Novio mantenía un gesto seco y duro, y advertía a las demás de que deseaba ver a Federico para exigirle que su hijo volviera a la vida. La mujer de Leonardo permanecía en silencio, con los ojos muy abiertos y la respiración casi encogida, superada por todo lo que escuchaba. Aquellos relatos les hicieron dejar de mirar de forma constante si Dolores y su hija regresaban, pero quien no despegaba los ojos de la entrada al bosque era Rosita.

Ella no permanecía con las demás, sino que prefirió apartarse al balcón de Federico. La altura le daba más seguridad y control sobre aquel exterior que, hoy, sentía amenazante. ¿Cómo aquellas mujeres liberadas hacía un año podían volver a sentirse vulnerables o pensar que, en cierta manera, habían perdido el control sobre sus deseos y revelaciones? No contaban con que aquellas circunstancias externas fueran un obstáculo de nuevo. Antes de apoyar su cabeza sobre el cristal de la ventana de Federico quiso revisar lo que el poeta había dejado en aquel manuscrito. Curioseó entre las páginas hasta dar con su nombre. Federico también había previsto un futuro para ella. En él, desvelaba que la carta de despedida que escribió había llegado hasta su destino y que su primo pensaba si no sería hora ya de su regreso. El relato acababa allí y aquella incertidumbre aumentaba a cada segundo en su cabeza. Deseaba que Dolores y su hija regresaran del bosque. Y temía que les sucediera igual que a Novia y Yerma. La muchacha, antes de irse, se acercó a ella para contarle que había hecho las paces con su madre y le confesó entusiasmada que le iba a enseñar un método ancestral, a través de los elementos de la naturaleza. Sin darse cuenta, mientras buceaba en aquellos recuerdos con el rostro apoyado sobre el cristal, había generado vaho con su propia respiración. Lo retiró con sus dedos y fue entonces cuando pestañeó y se apresuró a limpiar del todo la superficie para estar segura. Observó que, desde el lado contrario por donde se marcharon Dolores y su hija, y entre el polvo anaranjado, aparecía una figura casi fantasmagórica. Se fijó más e identificó que era una mujer corriendo, que no dejaba de mirar hacia atrás en su avance hacia la casa. Abrió la ventana. Pronto adivinó de quién se trataba, a la vez que se sintieron los golpes y gritos de ella. Las mujeres se sobrecogieron ante aquellos sonidos de auxilio.

—¡Abridme! ¡Abridme!

Rosita se apresuró a salir de la habitación y, desde arriba, gritó para dar la orden, mientras bajaba la escalera apresuradamente.

—¡Abrid! ¡Es Mariana!

—¡Y si es un engaño de ese otro mundo! —exclamó Angustias—. ¡Dolores ha ordenado que no abramos a nadie!

Los golpes y los gritos se volvieron a escuchar con más fuerza, hasta que la prima de Novia, que estaba al lado de la ventana, chilló del susto cuando Mariana se asomó por el cristal para que la reconocieran. Rosita, sin dudar, tras descender el último escalón, zarandeó la puerta y abrió para que Mariana entrara. La mujer se abrazó a ella, sintiéndose ya segura, y de inmediato las dos cerraron de nuevo la puerta. Angustias miró a su madre, algo avergonzada por su reacción, pero Bernarda apenas le prestó atención. Su mirada y su escucha estaban centradas en lo que Mariana pudiese contar y en la duda de si, tras ella, podría llegar Adela.

—¿Está aquí Pedro? —fue lo primero que dijo Mariana, con la respiración entrecortada, mientras se dejaba descansar en los brazos de una Rosita sobre la que apoyaba su agotamiento.

—¿Qué Pedro? —preguntó Rosita, intentando comprobar a la vez que su compañera estaba bien.

—¡Mi Pedro, Pedro de Sotomayor! ¡Lo sentí de nuevo!

—¡Pero qué cuentas, Mariana! —exclamó la Zapatera.

—¡Ven, entra! —ordenó Belisa desde el comedor.

Mariana, con algo de aliento recuperado, pasó al interior, sostenida aún por las manos de Rosita, que la acercó hasta una de las sillas. Saludó con la mirada y una sonrisa a todas, que también era de felicidad por reconocer que con aquellas mujeres estaba protegida. Criada le dio un abrazo y comentó que iría a por un vaso de agua para ella. Comprobó que Yerma y Novia no estaban, pero prefirió no decir nada. Una a una, reconoció al resto, hasta llegar a la madre de Novio y la prima de Novia. Rosita pensó que, mientras Mariana se tranquilizaba y tomaba aire, era oportuno ponerla en antecedentes, contarle quiénes eran ellas y por qué habían venido. Cada una de las presentes puntualizaba alguna parte de la historia, de forma que la narraban en conjunto, ante la mirada sorprendida de una Mariana que, en su cabeza, empezó a encajar piezas.

—La verdad es que no sé cómo he llegado hasta aquí —confesó la libertadora mientras tomaba un sorbo de agua del vaso que Criada le trajo—. Estaba huyendo de mi propia muerte, cuando...

Otros golpes en la puerta interrumpieron el relato de Mariana, provocando en todas un silencio rotundo y una pausa en su respiración, pero pronto reaccionaron ilusionadas, cuando identificaron que aquellos toques, con un ritmo y un número concreto, correspondían a la clave que Dolores les había dado para señalar su regreso. La Conjuradora y su hija entraron a la casa y sonrieron con ilusión cuando comprobaron que allí estaba Mariana y que el conjuro había causado efecto.

—¡Madre! ¡Lo he conseguido! ¡Ha venido Mariana!

La joven empezó a abrazar a todas, radiante de ilusión, y ante la mirada de satisfacción de su madre. Aquella muchacha no tenía ya nada que ver con la que había llegado, seria y decepcionada consigo misma. Dolores, a pesar de aquel revuelo, le ordenó que se calmara un poco; no había tiempo que perder y necesitaban escuchar a Mariana para saber qué podía haber sucedido con Yerma y Novia. De hecho, preguntó por ellas de forma directa.

—No las he visto, pero las he sentido —reveló Mariana.

—¡Cuenta, cuenta! —insistió Zapatera—. ¿Cómo empezó todo?

Mariana se tomó una pausa e intentó ordenar sus últimas experiencias. Confesó que tenía algunas lagunas, y Dolores advirtió que, tras aquella vivencia y precipitación de hechos, era normal que se sintiera desorientada. Mariana agradeció no sentirse juzgada y eso le sirvió para calmarse y explicarse mejor.

—Me rebelé. Me rebelé en mi propia historia.

—¡Olé ahí, qué valiente mi Mariana! —gritó Zapatera, entusiasta, aplaudiendo ante la sonrisa de casi todas.

—Después de la experiencia que compartimos aquí, con Federico, regresé a mi historia, como todas —relató Mariana—, y más allá de vivir al margen de ella, interpretando aquel papel, quise cambiarlo.

—Rosita y Belisa han hecho algo parecido —puntualizó Criada, con un cruce de miradas y sonrisas contenidas.

—El problema, por así decirlo, es que vosotras permanecéis vivas en vuestras obras pero yo estoy muerta. Así que empecé a meditar cómo podía cambiar todo e intenté modificar la historia, la nuestra. Me rebelé, por mí y por todas. Desde ese más allá en el que estoy, conseguí que algunos personajes no pudieran avanzar como estaba marcado en mi relato, y aparecerme yo misma como un espectro ante ellos. Pronto, por las calles de Granada corrió como la pólvora que Mariana había regresado, pero no calculé que mis personajes pudieran rebelarse aún más en mi contra; y no se rebelaban solo por mi historia y por mi vida.

—¿No? ¿Por qué, entonces? —cuestionó Belisa.

—Por mis gritos de libertad para las mujeres. Desearon de nuevo mi muerte, me acusaron de alterar el orden público de los libros, por incitar a otras mujeres juzgadas y asesinadas en otras páginas de forma injusta a reclamar otra historia.

—¿Eso hiciste? —comentó Poncia sorprendida—. ¡Virgen Santa!

—Cada vez molestaba más mi discurso, incluso entre mis compañeros liberales, que se supone que son los más avanzados..., aunque solo para sus cosas. Solo me quieren callada. Temen que desvele sus nombres, entre ellos el del propio Pedro, y se sepa toda la verdad. Se decía que hoy venían a por mí, pero antes de que llegaran he conseguido huir. Dejé mi bandera bordada en una parte del camino para despistarlos en su avance, pero en mi senda aparecieron otros personajes, entre ellos Ramón Pedrosa, que alentaba al resto a perseguirme.

—¿Quién es Pedrosa?

Mariana dejó su mirada en el vacío, como si hiciera un viaje en el tiempo hacia un suceso horrible.

—El ser más repugnante que nunca he visto. Solo que me rozara su aliento o uno de sus dedos me levantaba náuseas. Uno de esos hombres que acosan y obligan. De esos que piensan que nuestros cuerpos son suyos, que pueden arrancarnos besos sin deseo. Nunca asumió mi rechazo. Aún no olvido cuando sentenció: «Yo te quiero mía. Mía o muerta». Y lo hizo. Solo de verlo se me revolvieron las tripas. No dejaré nunca que ponga otro dedo sobre mí ni arranque parte de mi alma.

—¿Pero por qué no has aprovechado y no has señalado a Pedro, que fue el motivo de tu desgracia, con tanto desprecio que te mostró? —preguntó Belisa.

—Porque ahora veo con claridad que me ajusticiaron de forma tan vil, sobre todo, por ser mujer. Y viuda, y por defender unos ideales y estar en política, reservada solo a los varones. Es una forma de defender mi dignidad ante un juicio sin pruebas y basado en las malas lenguas y artes de muchos. Tengo claro que, en otras circunstancias, no moriría de nuevo por él, pero esos ideales son los únicos que pueden acercarme a la libertad. ¿Me entendéis? Ahora me buscan por ser una mujer que no se calla y que reclama libertad para todas nosotras. Él fue ya juzgado en mi corazón y ya tiene la pena más dura, que es la del olvido.

—¡Qué bien hablas, Mariana, y cuánta fortaleza en tus palabras! —desveló en voz alta Criada, aunque era más un pensamiento personal que llegó a compartir, sin darse cuenta, impulsada por la emoción del relato de la libertadora.

—No creas, Criada. Porque yo pensaba que su nombre estaba desterrado de mi interior, pero en mi huida Pedro apareció y mi corazón dio un brinco de nuevo. Él gritaba mi nombre y me decía: «¡Mariana, por aquí! ¡Sígueme!». Y, de golpe, mi mente cambió. Escuchadme bien. No quiero que me juzguéis —reclamó, mientras su mirada parecía perderse de nuevo—, pero fue como si sus palabras me hipnotizaran y perdiera parte de mi rumbo... Y le seguí. Avanzaba solo por un espacio oscuro, pero su voz me llamaba una y otra vez. Luego, sus avisos se hicieron cada vez más lejanos, casi como un eco. Y de golpe, en mitad de aquella oscuridad, escuché a dos mujeres. Al principio no sabía quiénes eran, pero luego decían mi nombre y las reconocí. Eran Yerma y Novia, sin duda. A oscuras, sin saber hacia dónde ir, anduve unos pasos, perdida, intentando localizar la procedencia de sus voces.

—¿Y pudiste? —preguntó Dolores, con ansia de saber.

—No, porque cada voz venía de una zona diferente y hacía eco en dirección al otro lado, y continuamente resonaban sin cesar, se pisaban una sobre otra, pero pedían ayuda, querían salir.

—¿Y no pudiste sentir nada más? —insistió Dolores.

—Sí. Un grito que me dejó muda en mitad del silencio. Después de aquellos pasos, me quedé parada y, a los pocos segundos, noté un olor a quemado. Miré hacia atrás y a lo lejos vi que unas llamas amarillas, naranjas y rojas venían hacia mí. Pensé que moría, pero en ese instante sentí la voz de Fernando. De mi Fernando, el hombre más fiel y enamorado de mí. No le vi, pero su voz fue la que me guio. Me dijo: «¡Sigue adelante! ¡No pares, corre, Mariana!». Le obedecí. Y fue entonces cuando vi esta claridad muy pequeñita al fondo, que se hacía más grande conforme más corría, hasta que identifiqué vuestra casa a lo lejos y supe que Fernando, mi Fernando, me había ayudado a escapar de otra muerte.

Todas enmudecieron un largo rato, hasta que Dolores sentenció:

—Tenemos que ponernos a salvo.

—*6*—

Aquella última frase de Dolores dejó a todas sobrecogidas, y demandaron una mayor explicación. Tanto la Conjuradora como su hija adelantaron algunas de las claves de lo que intuían y, en este caso, Dolores fue tajante sobre lo que Mariana acababa de narrar:

—Entiendo que ese aturdimiento que sentiste se debió a algún hechizo realizado desde fuera.

—¿Pero de quién? —preguntó la joven libertaria.

—Hay una mujer, que fue mi maestra cuando yo era muy niña. Ha aparecido ahora, pero fue conocida siempre por su magia negra. Fue el motivo por el que me alejé.

—Esa mujer que señalas es la única que ha paliado mi dolor y me ha dado esperanza en mis peores daños. Límpiate la boca antes de hablar mal de ella.

Dolores, más allá de aquellas palabras de la madre de Novio, percibió un sentimiento extraño, de odio y rencor. Prefirió no responder a la provocación, respiró y decidió regresar a la conversación con Mariana.

—Entiendo que aquellas voces no fueron más que una especie de señuelo para que te dejaras arrastrar y terminaras como Yerma y Novia.

—Entonces, ¿Pedro no vino en mi ayuda?

Dolores negó con la cabeza.

—Me temo que Pedro, si apareció, fue porque tiene otro fin oscuro. Atraparte para que nadie más supiera su nombre, por si lo revelabas en tus reivindicaciones. Y, de paso, dejar en silencio tu injusticia, porque eso desvelaba que fuiste llevada al cadalso sin pruebas y mostraría el gran error que se cometió. Nadie querrá asumirlo.

—¿Por qué lo sabes?

—Mi hija y yo percibimos durante nuestro conjuro que algunas fuerzas oscuras bloqueaban tu llegada. Fue ahí cuando Fernando apareció.

—Hicimos magia blanca para salvarte, no tenemos que responder con la misma moneda —sostuvo la hija de la Conjuradora, orgullosa.

—¡Ay, mi Fernando, pobre! ¿Por qué estás siempre después de como te traté? —suplicó Mariana al aire—. Lo dije y lo repito: «Corazón, ¿por qué mandas en mí si yo no quiero?».

La mente de Mariana no dejaba de pensar en todos aquellos hechos atropellados sucedidos últimamente, y en que sin la participación de Dolores y su hija quizás estaría ahora en aquel cadalso, de nuevo, siendo castigada y humillada. Su corazón, reconocía, seguía estando lastimado por Pedro. No entendía, tampoco ahora, que habiéndole protegido tanto él hubiese vuelto a querer dañarla sin importarle su destino. Y reflexionó que quizás había idealizado a aquel hombre solo porque sus metas y propósitos eran los que ella, como mujer, siempre soñó. En el camino de la política, el egoísmo estaba presente y muchas figuras históricas solo lo fueron porque eliminaron otros nombres que les podrían haber hecho sombra, pensó. Era lo que también había ocurrido a lo largo de los siglos con miles de mujeres cuyos nombres fueron ignorados o suplantados, sus ideas robadas y, con ello, fueron borradas, solo por ser mujeres.

—Don Pedro es un miserable que solo piensa en él —apuntó Amelia tras conectar hilos de la historia que acababan de escuchar—. A ver cuándo abres los ojos, Mariana.

—Las mujeres tan libres solo traen problemas. A esta hay que echarla de aquí —irrumpió la madre de Novio—. Toda Granada la conoce como una fulana. Viuda, y fijarse en otros hombres es pecado. Vendrán en su busca y nos llevarán presas a todas.

—Pues que nos lleven. Mariana se queda —afirmó Rosita, a la defensiva, poniéndose de pie. El resto miró a la madre de Novio con el mismo desafío. La mujer inspiró con fuerza, a la vez que se tragaba sus propias palabras. Dirigió su mirada a Bernarda, en la que esperaba encontrar apoyo, pero fue en vano. La madre de Novio dio un tirón a su vestido desde la cinturilla, en señal de molestia, se abrió paso y abandonó la casa.

Desde el interior, la observaron alejarse y adentrarse en el bosque.

—Yo no quiero decir nada, pero cuánta dureza por vuestra parte —sugirió Poncia.

—Tú, como siempre, haciendo honor a tu nombre: como Poncio Pilatos, te lavas las manos —sostuvo Martirio.

—No seas descarada —respondió la Criada.

—Habéis sido injustas. Yo también dije lo mismo cuando vi llegar a Mariana el año pasado —recordó Bernarda desde su sillón frailero y apoyada en su nuevo bastón—. Cada una cuenta la historia como la ha vivido. Y algunas mujeres necesitan más tiempo.

—¿Tiempo para qué? —preguntó la hija de Conjuradora—. ¿Para demostrar que las intenciones de esa mendiga no son limpias? Mi madre lo vivió en carne propia y hace unas horas lo hizo conmigo. Somos dos las que lo advertimos. Bajo su poder dejamos de ser nosotras para transitar por malos caminos. Y quizás acaba de ir al bosque para hablar con ella y contar lo que decimos aquí.

—En esas, insisto, hay mujeres que necesitan más tiempo para abrir los ojos —sostuvo Bernarda.

—Sabe, madre, mejor que nadie, que hay mujeres con las que nunca podremos contar. Eso es lo que más me enfurece. Que quienes despertamos lo hacemos saber al resto y, aún así, ni entre nosotras mismas podemos confiar.

—Entonces, que sea la sentencia de cada una el camino que elija —concluyó Bernarda a Martirio—. Pero no olvidéis que esa mujer, como yo, tiene un hijo muerto. Y el luto nos come por dentro.

—Y yo tengo un marido asesinado por su hijo. Yo, con dos criaturas pequeñas —añadió la mujer de Leonardo—. Y nadie se apiada de mí.

Mariana sostuvo esta revelación en su interior. Ella fue de las últimas en llegar el año pasado, y desconocía buena parte de las alianzas o rivalidades en aquel grupo de mujeres.

—Sea lo que sea lo que cada una piense, un pacto debe estar por encima. Tenemos que estar seguras de que todas las aquí presentes nos protegeremos esta noche las unas a las otras, desde ya —propuso Dolores.

—Pero di, de una vez, a qué nos enfrentamos. Tu magia siempre llega tarde —sostuvo Bernarda como reclamo.

—Llega tarde porque guardáis secretos aún, porque no puedo impedir que al otro lado estén ellos ni que Federico dejara la obra inacabada —se defendió la Conjuradora.

—Me sorprende que no lo vea aún, madre —respondió Amelia—. Todo esto es porque fuimos mujeres libres, como dice Federico en lo que escribió.

—Si ni siquiera tienen derechos las mujeres humanas, ¿qué vamos a tener nosotras, unos simples personajes? —mantuvo Zapatera.

—Federico ya nos dijo que nuestro papel es denunciar lo que ellas sufren a través de nuestras vidas, es nuestra función —matizó Belisa.

—Sí, pero también dijo que al margen de nuestras historias decidiéramos qué hacer cada día. ¿No os acordáis de lo que todas vivimos aquí?

Mariana se levantó de su asiento para hablar.

—Pero ¿no os dais cuenta? Nos están atemorizando para que cedamos, para que callemos, para que silenciemos nuestras historias. Nos están quitando el poco poder que conseguimos hace un año. Miradme a mí. Nos dan violencia y miedo para que frenemos nuestras aspiraciones.

—Pero ¿cómo vencer ese miedo si luego nos matan o nos agreden o nos lapidan? Seamos francas sobre lo que pasará a Yerma o Novia. ¿Cuál ha sido el precio de rebelarse? ¿Cuál es el precio de hacer frente? ¿Morir? —denunció Amelia—. Que

fuera de estas paredes, en rincones del mundo, siguen matando a algunas mujeres cuando levantan su voz. Y en nuestras historias no dejo de recordar el destino de Paca la Roseta o la hija de la Librada, golpeadas hasta morir como castigo. Y usted misma, madre, gritó delante de Adela que aquella mujer lo merecía. Por eso antes advertía que ni siquiera entre nosotras mismas estamos a salvo, porque nos juzgamos sin entender ni comprender. Ese pacto que propone Dolores es imposible.

—¿Y cuál es el precio de quedarnos igual? Una vida sin poder hablar ni gritar ni desear no es vida —defendió Belisa—. Que venga quien tenga que venir, y yo extiendo mi lealtad y mi mano a quien la quiera.

—Abrid los ojos porque, a pesar de nuestras diferencias, estamos en lo mismo. Hemos sido gobernadas sin darnos cuenta por palabra y mando de otros —propuso Mariana—. ¿No veis que ni siquiera quienes tienen leyes ahí fuera están completamente a salvo? Federico nos dijo que respetáramos nuestras historias, pero nuestras obras se readaptan en teatros, por ejemplo, y podemos influir en que nuestras voces sean diferentes. Hemos tenido que guardar las formas para sobrevivir siempre. Hasta que decidimos no hacerlo, y ya veis nuestros destinos. La libertad que se nos ha negado nos ha dejado al margen de la historia. Nos ha dejado sin poder vivir millones de experiencias a todas las mujeres. Y la mayor pena de libertad es saber que contamos con la muerte. Que esos hombres acaben con nosotras es el crimen de la humanidad mayor y más silenciado, sin que el mundo se ponga en pie. O nos siguen dominando a través del miedo o lo atravesamos juntas.

Aquel discurso de Mariana agitó a todas por dentro y provocó una pausa sin reacción.

—Tenemos que desvelar si nos comprometemos a cuidarnos —consideró la Conjuradora, esperando un compromiso—. Es probable que aparezcan más muertos y más personajes que no vengan con buenas intenciones. Y estoy convencida de que ese incendio que viene en camino no es fortuito. La amenaza llamará a nuestra puerta hoy. Para rescatar a Yerma y Novia os necesito a todas.

Rosita recuperó uno de sus recuerdos cuando, en una ocasión, tío y tía le daban clases de latín a través de juegos con los que descubría el origen de las palabras.

—En casa me enseñaron la palabra «sororidad», que viene del latín, *sororitas*, y significa «hermandad de mujeres».

—No puede crearse una hermandad cuando hay mujeres que han renegado de nuestra libertad y que son una amenaza —recordó Amelia.

—Una hermandad es una relación de afecto y solidaridad. Solo me interesa saber con quiénes puedo contar —dijo Dolores, mientras ponía su mano en la mesa abierta, dispuesta a que se sumaran más con ella. Su hija fue la primera que descansó su mano sobre la suya, lo que hizo que le devolviera una mirada de orgullo. Después, Rosita, Criada, Belisa, Zapatera, la mujer de Leonardo, Amelia, Martirio y Magdalena se acercaron a la mesa y dispusieron sus manos unas sobre otras, cerrando su pacto. Junto a Bernarda, sentada, permanecían Poncia y Angustias.

—No nos juzgues. Mi pasado me ata. Pero cuentas conmigo para todo aquello que nos salve.

Dolores asintió a Bernarda y solo quiso cerrar aquel momento con una certeza.

—No os juzgo. En vuestra mirada está el miedo.

—7—

El arrebol del atardecer ya las había sobrepasado y ahora, sobre el cielo de la Huerta, las acechaba también la noche. El tono cobrizo se mezcló con los azules y negros de la oscuridad que caía. Simulaba algo parecido a lo que debían ser las puertas del juicio final, como decía Bernarda mientras besaba su crucifijo. O, al menos, un acceso al mundo de los muertos. Desde dentro de las estancias, cada una asomaba su mirada a ratos intercalados por los cristales. Algunas espantadas, otras hipnotizadas. Pero todas con la duda de si aquella tonalidad significaba una señal sobre lo que vendría esa noche. Descubrieron, también, que la madre de Novio había regresado. Se había sentado en los bancos de la entrada de casa. Rosita la invitó a pasar, pero ni siquiera le respondió. Aun así, junto con Zapatera, la mujer de Leonardo, Criada y Belisa decidieron apartarse hacia el salón principal, donde estaba el piano, para controlar mejor a la madre de Novio tras la ventana.

No querían desconfiar más, pero tampoco sentían la seguridad que necesitaban para la situación de peligro que las rondaba.

Al otro lado, en el comedor, habían permanecido las hijas de Bernarda. Esta, en cambio, había optado por refugiarse en la cocina de nuevo con Poncia. Las hijas ponían el oído en la pared por si percibían los comentarios de su madre, pero no alcanzaban a ello.

—No hay manera de escucharlas —dijo en voz baja Amelia, quejosa.

—Tienen que estar hablando de lo mismo que todas pensamos pero no nos atrevemos a decir —añadió Martirio.

Magdalena quiso desafiarla.

—Lengua larga, di. Habla por todas.

—¿Acaso no estamos todas pensando qué haremos cuando regrese Adela?

Guardaron silencio ante la reflexión de Martirio.

—Yo pienso algo más... —confesó Angustias—. ¿Qué haremos si vuelve no solo Adela, sino Pepe el Romano? Porque a mi hermana puedo llegar a respetarla algo ahora, después de lo vivido. Pero si lo veo a él no sé qué sería capaz de hacerle por haber arrastrado a esta familia al infierno.

—Me dan miedo todos, Pepe el Romano y cualquier otro que venga —sostuvo Martirio—. Y con la noche ya caída, es el momento.

—No, a ti Pepe el Romano te gustaba.

La reflexión de Angustias había irritado a Martirio.

—¡Dios me valga! ¿Cuánto tiempo más me echaréis aquello en cara? Y no, no es solo por Pepe. Por todos. Luego no todo resulta tan bonito. Sabemos que el novio de la Adelaida no la deja salir ni a un tramo de la calle. Y para estar encerrada con uno, me encierro con madre. Os recuerdo que bien lo dije en el libro: «Es preferible no ver a un hombre nunca. Desde niña les tuve miedo. Los veía en el corral uncir los bueyes y levantar los costales de trigo entre voces y zapatazos y siempre tuve miedo de crecer por temor de encontrarme de pronto abrazada por ellos. Dios me ha hecho débil y fea y los ha apartado definitivamente de mí». Lo dije. No es cosa nueva.

Todas recordaron que era cierto. Y que Martirio pronunciaba aquellas palabras en la obra a la que pertenecían. Amelia decidió encender la luz del velón de

Lucena de la entrada. La noche era ya inmediata y le daba miedo permanecer a oscuras en el interior.

—Da igual cómo seas, guapa o fea. Mientras les convenga casarse, lo harán —respondió Angustias—. Y, como decía la Poncia, a los quince días de la boda, el hombre deja la cama por la mesa...

—Y la mesa por la tabernilla... —recordó Amelia.

—Y la que no se conforma, se pudre llorando en un rincón —añadió Magdalena—. No se me olvidan aquellas palabras.

—Aun así, yo alguna que otra vez pensé en aquella sensación que Poncia describía cuando su Evaristo le dijo: «¡Ven que te tiente!». Quizás su amor nos hiciera sufrir, pero pensar que nunca en nuestra vida tendremos esa vivencia...

—Piensa que quien te abrace te hará mil pedazos cada noche, y se te quitarán las ganas —sostuvo Amelia.

—Si Pepe el Romano me hubiese abrazado, no me habría molestado —confesó Magdalena algo desinhibida.

—¡Que estoy aquí! ¡Su prometida! —defendió Angustias, alterada, pero intentó disimular cuando comprobó que Bernarda había mostrado de nuevo su mirada tras la apertura del pasaplatos desde la cocina. Las hijas guardaron silencio y, cuando estuvo segura, Bernarda volvió a cerrar la abertura.

—¡Déjelas! ¡Ahora ya tiene poco arreglo que controle! ¡Que digan lo que quieran! —le señaló Poncia en la cocina mientras encendía la luz.

Bernarda arrugó la cara ante la iluminación de la sala, molesta.

—No pueden estar toda su vida enfrentadas. Son hermanas.

—Sigue sin entenderlo. Un solo hombre. Cuatro mujeres. La sangre se olvida. Deje de mentarlas y sea franca consigo misma.

—No sé a qué te refieres. Sé clara.

—No le preocupa lo que ellas digan a estas alturas. Le preocupa qué hará si aparece aquí no solo Adela, sino Pepe el Romano.

—Ni lo nombres ahora, mala víbora.

—Y puede ser peor. Que Adela venga de su mano, de nuevo juntos, en su jaca.

—¡Silencio! ¡Deja de invocarlos!

—Podrá callarme, pero ahí dentro su mente rumia y rumia y rumia, y sus nombres resuenan en su cabeza sin descanso. ¡Esa idea no puede silenciarla!

Bernarda se levantó de la mesa y se dirigió hacia la ventana de la cocina, como si fuera un espacio por el que huir pero imposible de traspasar.

—Pienso y no quiero pensar. Cuando me encontré con Adela en el bosque, nada de lo que había planificado ocurrió. Si estuvieras en mi lugar, tampoco podrías. Hay cuestiones que no podemos domar, como no podemos domar a la muerte.

La luz de la cocina comenzó a parpadear. Bernarda escuchó a sus hijas indicar lo mismo desde el comedor mientras algunas gritaban asustadas, y Zapatera y Belisa también comentaban aquel parpadeo de destellos... Hasta que la luz se apagó. Dejó a todas en la más absoluta oscuridad. Dos golpes sonaron en la puerta y varios gritos se escucharon en la casa sin saber a quiénes pertenecían. Rosita miró por la ventana y comprobó que era la madre de Novio.

—Quedaos todas donde estéis. Voy yo.

Se movió por el espacio oscuro con sus manos adelantadas y agitadas al aire, para evitar cualquier tropiezo, y dejó pasar a la madre de Novio.

—Se fue la luz y quería saber si estabais bien —remarcó la mujer.

—Sí, va a ser eso, viniendo de usted... —se escuchó con cierto retintín a la esposa de Leonardo, que bien conocía su fama en la aldea.

—No os preocupéis —remarcó Dolores—. El incendio que se aproxima debió de dañar el cableado de la luz. Necesitamos velas.

Criada y Belisa recordaron que había dos en el comedor y en el salón, y ordenaron a Poncia y Bernarda que se quedaran en la cocina, que allí les llevarían una. La visión de Rosita se amoldó a aquella oscuridad inicial, hasta el punto de que la escasa claridad de las ventanas le sirvió para moverse por la casa, aunque muy despacio.

—Me da miedo. ¿Y si son los hombres, que vienen a por nosotras?

—¡Calla, Martirio!

—No la calles, Amelia. Puede tener razón —defendió Angustias, mientras observaba desde su silla cómo el rostro de Rosita se iluminaba tras encender la vela—. Ese cielo casi infernal, ese fuego hacia nosotras, esta oscuridad, solas, abandonadas a nuestra suerte... ¡Nada bueno hay en esta noche! ¡Dios, ayuda!

—¡Silencio! —ordenó Rosita—. Con su rostro iluminado, se llevó el dedo a los labios y luego lo elevó, para recabar la atención de las demás. Una a una, todas repararon en un sonido en la planta superior. Angustias se agarró al brazo de Magdalena, con miedo, y en la cocina Poncia hizo lo mismo con Bernarda, dando unos pasos hacia atrás, hacia la ventana. Rosita se giró para ver el rostro de sus compañeras del comedor, que mostraban estupefacción en su mirada. Alguien estaba arriba. Sonaban de forma evidente unos pasos sobre el suelo. Uno tras otro, el ruido se repetía. Rosita volvió a cruzar la mirada con sus compañeras e indicó, con gestos, que callaran. Abandonó el centro del comedor, quedando en el umbral de la puerta, desde donde dio la misma orden a Poncia y Bernarda, que obedecieron. El sonido se hizo más cercano. Eran pasos de hombre, con seguridad. Y de forma inevitable, cada una temía que fuera el suyo. Aquella presencia bajaba las escaleras y su energía estaba próxima. Bernarda y Poncia cogieron cazos de la cocina para golpear a quien venía a intimidarlas, y Rosita, agachada en el umbral, permanecía atenta a aquella sombra oscura que comenzaba a descender por el último tramo de la escalera y que hacía crujir la madera a cada paso. La respiración de todas estaba contenida. Angustias besaba el crucifijo con los ojos cerrados, Criada se abrazaba a Rosita, Martirio se agarraba a Magdalena, la novia de Leonardo rezaba para dentro y Rosita intentaba que la vela no se cayera con el temblor de su mano. Aquello podía ser el fin. Pero la sombra, de pronto, se les hizo familiar. Cuando la mitad del cuerpo ya estaba descubierto, Rosita pestañeó y acercó su fuente de luz a la entrada. Fue entonces cuando su corazón galopó, exhaló con fuerza y gritó:

—¡Es Federico!

—*8*—

Todas jalearon, aliviadas, con la presencia del autor, entre risas nerviosas. Algunas se acercaban para recibir a Federico en la última bajada de la escalera, mientras Criada y la mujer de Leonardo aprovecharon para encender más velas.

—Pero ¿por qué encendéis tantas velas? Mi casa era de las pocas con luz.

—Es largo de explicar, Federico —dijo Rosita, mientras lo abrazaba con fuerza—. ¡Déjame achucharte! ¡Qué alegría verte!

—No imaginas, mi Rosa, qué descanso ha sido adivinar tu amable rostro entre la oscuridad. He bajado esta escalera asustadito y temblando como un gorrioncillo con frío. Tenía un miedo que me moría... ¡Aunque ya estoy muerto! Bueno, vosotras me entendéis —comentó, riendo a carcajadas.

—Lo importante es que estás aquí.

—¡Ay, mi Dolores! Si tú me llamas con tu hechicería... ¡vengo!

—Hoy tuve un sueño contigo y no me decías lo mismo. No te esperaba así; como el año pasado llegaste con música...

—Esta vez nada es como antes —remarcó Belisa.

—¡Ay, mi Belisa! No me preguntéis cómo, porque yo solo veo el negro más absoluto y luego aparezco aquí. Pero habéis dejado mi balcón abierto y... ¿Quién es esa criatura de ojos despiertos a tu lado? —preguntó, mirando fijamente a la joven que estaba junto a la Conjuradora.

Dolores presentó a su hija, que miraba muy emocionada al poeta mientras se saludaban.

—¡Lo hemos conseguido, mamá, el poeta ha venido! —exclamaba, mientras Dolores intentaba calmar su emoción.

Federico miró a su izquierda, hacia la cocina, y comprobó que había otras dos mujeres más.

—¡Pero Poncia! ¿Pretendías atacarme con ese cazo que intentas esconder!

—Genio tengo de sobra. Usted lo sabe.

Todas rieron con aquella reflexión, incluida Bernarda, a la que Federico miró mientras ella saludaba como la primera vez, con una bajada de párpados y de asistencia, aunque él percibió una muestra diferente de cercanía. Comprobó que estaban todas sus hijas allí, además.

—Estáis toda la familia.

—Como debe ser —remarcó Bernarda.

—¡Y yo también!

Federico notó que alguien tiraba de su ropa con fuerza a su espalda. Cuando se giró, comprobó que aquella voz y aquel toque de atención eran de María Josefa.

—Te esperé en el mar, con la espuma de las caracolas, y no viniste a mi boda.

El poeta hizo una pausa de cariño profundo ante aquella anciana dolorosa y melancólica.

—Nos escaparemos sin que ninguna de ellas nos vea, María Josefa.

La madre de Bernarda abrió los ojos cargados de emoción, puso una flor sobre el bolsillo de la camisa de Federico, recolocó la pajarita de Federico, y empezó a dar saltos de júbilo, limitados por su propio cuerpo, que repartía por toda la casa. Cuando la danza de la anciana se perdió tras el umbral de la entrada, comprobó otro rostro querido que le devolvió una sonrisa inmediata.

—Mi valiente Marianita de Granada.

—¿Y yo, no existo?

Federico se sorprendió por aquella intromisión y se guio por donde le había llegado la voz.

—A ver, sois tantas... —A las décimas de segundos, la reconoció con una amplia sonrisa—. ¡Mi... María!

Criada se emocionó cuando comprobó que Federico la acababa de llamar por su nombre.

—No imaginas cuánto te tengo que agradecer, Federico. ¡He aprendido a leer y quiero hacerme con la biblioteca del pueblo! ¡Tengo tanto que contar!

—Ahora nos sentamos y os escucho a todas. Tengo hambre de que mis oídos rebosen de vuestras historias, pero veo mujeres nuevas... —comentó, sin retirar la vista de aquellas cuyos nombres quería saber.

—Soy la mujer de Leonardo —subrayó ella misma.

—Y yo, la madre de Novio.

Federico sintió un corte frío en el aire con aquellas palabras. Su mirada casi se paralizó, mientras intentaba comprender el motivo por el que allí estaban. Fue entonces cuando reparó en las ausencias.

—¿Y Novia?... ¿Y Yerma? —Miró las caras de todas, en busca de respuesta, incluida la de Rosita—. No me gusta lo que veo en vuestros ojos. No me asustéis, que cada una de vosotras es como si fuera mi hija. Y os creé para que fuerais eternas.

—No pensó lo mismo con mi hijo —sostuvo la madre de Novio, lo que aumentó la tensión del momento en Federico. Intuía que su presencia, en esta ocasión, se debía a algo turbio y oscuro.

Rosita comentó que lo mejor era subir a su dormitorio de nuevo, y todas obedecieron. Ella cogió una de las velas y abrió el paso entre la oscuridad mientras subían. Tras ella, Federico seguía su camino, y tras él siguieron toda la familia Bernarda Alba, Belisa y Zapatera, que portaban otra vela cada una. Desde el rellano al lado de la cocina, la mujer de Leonardo estaba sobrecogida por la escena. Primero, porque aún se sentía desbordada por la presencia de su autor. No sabía si aquello sería una oportunidad para ella misma y para sus críos o para acercarse a Leonardo de nuevo. Y, además, estaba intimidada y casi petrificada por aquellas sombras enormes que se reflejaban en la pared de la escalera, mientras ascendían al piso superior. Decidió reaccionar. Miró hacia atrás, a la madre de Novio, y resolvió, con unos peldaños de separación, acompañar al resto del grupo. Una vez que habían rebasado el primer tramo, la madre también decidió sumarse para no quedarse sola.

En la habitación, Federico se sentó en su silla, con esa mezcla de emoción contenida en sus ojos, entre la nostalgia de los recuerdos y el alivio de los reencuentros. Ellas se repartieron por los rincones del cuarto. Rosita, al lado de Federico. Poncia, Magdalena, Bernarda y Angustias se sentaron en su cama, mientras las dos últimas se persignaban ante la imagen de la Virgen Dolorosa de los Cuatro Puñales, que estaba en la cabecera. Amelia y Martirio descansaron sus cuerpos sobre el pie de cama y las demás hacían lo mismo sobre las paredes de la estancia, aunque curioseaban imágenes u objetos, como los cuadros o el gramófono. Mientras ellas se disponían en esos espacios, Federico no dejaba de escuchar con atención todo lo que Rosita comentaba, junto con Dolores. Fueron lo más francas que pudieron con el poeta mientras le contaban todo lo acontecido y sus temores. La desaparición de Novia y Yerma le tenía desbordado e incluso se sentía responsable. No dejaba de pasar de un lado a otro las páginas de aquel manuscrito y, aunque confesó que dejó aquella obra sin terminar, desveló su seguridad de que faltaban páginas del relato. Belisa y Rosita le preguntaron si sabía qué se narraba en aquellas historias.

—Parte de lo que nos ha sucedido en este año, a casi todas, es lo que dejaste aquí escrito —sostuvo Rosita.

—Quizás tienes el poder, a través de tu escritura, de determinar aún nuestras vidas. Y eso nos da la esperanza de que puedas cambiar sus destinos, el de Yerma y Novia, ahora mismo.

Federico se mostraba contenido. Pero no era su intención, sino que aquellos hechos habían entumecido su boca y hasta su pensamiento. No creía que ese poder y esas energías hubiesen confluido en aquella concatenación de hechos que lamentaba en lo más profundo. Las palabras que tartamudeaba y sus suspiros desvelaban ansiedad por la situación. Se mostraba superado por la responsabilidad que caía sobre él.

—No te angusties, Federico —comentó Rosita en cuanto observó su reacción.

—Presiento que hay un maleficio superior sobre vuestras vidas, que Novia y Yerma están sujetas ahora a otro poder que no es el mío. Igual que cuando nadie pudo hacer nada por mi destino. Y eso me rebela. Yo solo quise daros un mundo mejor. Os imaginaba más felices, y ahora mismo arrastro una culpa aún mayor que la del primer destino que os di. Desde lo más puro os prometo que mi intención era solo liberaros de aquellas cadenas que os creé, siendo inconsciente de que vosotras viviríais más allá de aquel punto final que os puse a cada una. Yo, que solo quise libertad extrema para todos, os condicioné para siempre. Y ni siquiera pude conseguirlo con este texto, donde la que quisiera amar... que amara, y la que quisiera alejarse del dolor, se fuera... Pero no encaja, aquí faltan páginas que yo siempre enumero, hay líneas tachadas que yo no dejé así... Alguien ha querido manipular esta historia. ¡Maldita sea!

Federico se fue hacia la ventana y sacudió su cuerpo con un escalofrío. Cerró las dos alas que daban al balcón, descansó su cabeza sobre el cristal y divisó aquella luna casi roja y perturbadora, recordando para sí unos versos de su romance:

La noche llama temblando / al cristal de los balcones. Dolores presintió que aquellas palabras rondaban su cabeza.

—Pensemos qué hacer —sugirió la Conjuradora para calmarlo.

—Yo estoy tranquila de saber que estás aquí. Con eso nos vale, Federico —desveló Rosita—. Si algunos de esos hombres regresan con exigencias, es bueno que estés aquí, con ellos. También fuiste su creador y te escucharán.

—Puede ser que no me entiendan —dijo Federico, abandonando su mirada sobre la luna para trasladarla a ellas—. Temo que mi mente y mi mullido y débil corazón sea rechazado con risas que me partan.

—No digas tonterías, Federico. ¡Cuántos hombres que se creían hombres no se vestían ni por los pies! —apostilló Zapatera—. Tú eres tan hombre como ellos. No sé quién dijo que los hombres debían ser violentos, reírse de nosotras y despreciarnos. Queremos hombres de noble corazón, como el tuyo... Tú nos has hecho ver que, al menos, entre nosotras, hemos vivido cosas parecidas y que no estamos locas. Ni ser pobres o ricas nos aleja de ello.

Federico giró su cuerpo, dejándolo descansar sobre el cristal de la ventana, en el que se reflejaban las velas, y contempló de izquierda a derecha a todas aquellas mujeres. A la vez, intentaba calentarse abrazándose así mismo.

—¿No tenéis frío?

Varias de ellas manifestaron que sí, mientras se intentaban abrigar.

—Es noche de cielo oscuro fuego y de luna roja sangre... Y noche de frío, que aventura el camino de los muertos. ¿Sabéis? Odio mi olor.

—No te olemos, Federico. ¿Cuál es tu olor?

Iba a confesar su verdad: «Huelo a muerto». Él se olía a muerto. Y aquel profundo hedor le acompañaba desde que su alma se elevó tras el fusilamiento. Pero no quiso decirlo. Le daba vergüenza y, a la vez, miedo. Quizás era un aroma que solo cada fallecido podía percibir. Cuando terminó con la vista un nuevo recorrido por la habitación, reparó en un objeto que le aliviaría y despejaría su mente. Y, también, en una historia que tenía la necesidad de contar para que ellas se sintieran menos solas. Las miró y les dijo: «Pongamos música».

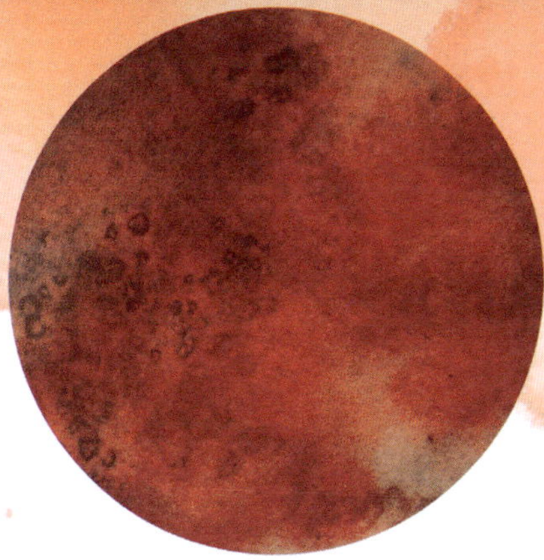

—9—

Federico había revolucionado aquella situación de inquietud y había provocado, una vez más, desviar la atención hacia otro espacio donde poder reconocerse y conectar entre todas. Sabía que solo a través de la cultura y del saber popular podría alimentar aquellas almas perdidas y angustiadas entre tanta oscuridad. Acompañadas de sus velas, obedecieron y ayudaron a Federico a bajar el gramófono portátil a la cocina. El autor reunió allí a todas para encender la hoguera, entrar en calor y tener una fuente de luz más potente para aquella noche desconocida. Mientras Poncia y Dolores encendían el fuego de la chimenea y el resto traía sillas del comedor o del salón, Federico fue con una de las velas al salón para localizar un disco de pizarra que deseaba que oyeran, y anunció en voz alta que les hablaría de una mujer fascinante.

—Lo que vais a escuchar es la música de un amigo al que quise profundamente y del que no me pude despedir, Manuel de Falla...

—¿Aquella composición que nos tocaste con la guitarra el año pasado era de él, no? —preguntó Mariana desde la cocina.

—¡Él mismo! Pero esto que os quiero traer tenía también un libreto y un escrito. Aunque está firmado por Gregorio Martínez Sierra, no lo creó él, sino su mujer, como tantas otras, invisible.

—Ellas escribían, pero ellos se llevaban los aplausos —sostuvo Rosita.

—A veces, por obligación —aclaró Federico, elevando su voz, mientras rebuscaba el disco que necesitaba—. Ella tenía un contrato como maestra, con unas condiciones que la privaban, entre otras cosas, de firmar obras literarias. Se llamaba

María de la O Lejárraga y, quizás, parte de lo que pensó y escribió aquí no era más que esas emociones que ella sentía ante un hombre al que había adorado pero que la humillaba. De hecho, se veía obligada a viajar con él y con su amante, una actriz con la que tuvo una hija —concluyó para hacer una pausa.

Escuchaba a todas las mujeres en la cocina comentar lo que acaba de narrar, pero su mente estaba con otros sonidos y otros olores y otras lágrimas y emociones. En sus manos tenía ya el disco de pizarra que buscaba. Sopló para retirarle el polvo, lo palpó y se lo llevó a la nariz para inspirar con fuerza aquel olor de antaño, para viajar en el tiempo con aquel aroma y aquella textura. Cuando levantó la cabeza, vio la rosa blanca y débil, y asumió que no tenía tiempo que perder: debía regresar al aquí y al ahora. Cuando llegó a la cocina, ellas seguían con sus conversaciones sin prestarle atención, mientras Federico dejaba caer aquel disco en el gramófono. La púa descansó sobre él y las primeras notas de aquella música las dejaron mudas, impresionadas por aquellos sonidos de cuerda que cortaron sus voces en seco. Federico percibió pronto aquella impronta. La luz del fuego y aquellos sonidos dejaron sus almas palpitando y temerosas. Fue entonces, en aquel clima inquietante, con aquella música que las trasladaba a un baile de emociones, cuando él decidió comenzar con su historia.

—A veces, los fantasmas del pasado vuelven. Pero, escuchadme bien —advirtió, mientras se sentaba muy pegadito en una de las sillas de enea, alrededor de la mesa donde todas se agolparon, y bajaba el tono de su voz para permitir que la música los acompañara—, todas estáis aquí pensando que la magia es lo que ocurre aquí cada año, pero hay algo más básico que nadie ha podido aún explicar, que se justifica con poderes divinos o sobrenaturales: el amor. ¿Acaso no es mágico que el amor suceda? Pero... ¿y el amor brujo?

—¿El amor es cuestión de brujería? —preguntó Belisa.

—El amor, por sí solo, es un poder complicado de dominar que escapa a la lógica porque nace de los adentros.

—Y a veces, hay que tirar de la cabeza para no dejarse arrastrar —añadió Dolores.

Federico levantó la púa del gramófono para avanzar un poco en la música y esperó unos segundos a que aquellas miradas hacia la Conjuradora se centraran de nuevo en el sonido que arrancaba. Y en aquel momento, en cuanto sintieron el tono de unas cuerdas que zumbaban de forma intensa y de un fuego creciente, sus cuerpos se estremecieron. Cuando comenzaba la «Danza Ritual del Fuego», Federico decidió desvelar la historia verdadera de *El amor brujo*. Los rostros de todas ellas, iluminados por las llamas, mostraban su inquietud.

—Se cuenta que Candela, una mujer hermosa y llena de pasión, confundió los celos y la posesión de un gitano con el amor. Enamorada y entregada por completo, seducida y abducida por él, a pesar de su continua deslealtad y humillación hacia ella, lo acompañó día y noche hasta su muerte. Pero su olor, su voz... se quedaron tan adentro que ni siquiera podía desprenderse de aquellos recuerdos que la abordaban en sueños y en despertares. Con la llegada de la primavera, una nueva pasión renació en Candela cuando conoció a Carmelo, pero su antiguo amante aparece una y otra vez desde la ultratumba como un espectro para impedir que estén juntos. Carmelo se aparta y ella, sola, siente cómo su cuerpo y su mente son poseídos por un sortilegio que domina su corazón por completo y que solo puede romperse con un beso de amor. Carmelo decide regresar con una estratagema: la belleza de la joven Lucía, con la que el antiguo amante le fue infiel a Candela. Cuando el espectro regresa para poseer a Candela para siempre, se encuentra a Lucía en su lugar y no resiste la tentación. Entonces, Carmelo besa con pasión a la joven Candela, rompiendo para siempre el maleficio y permitiendo que triunfe el buen amor.

Todas enmudecieron tras aquel relato cuya música las había embrujado. Aquellas notas musicales imponentes, aquella energía sobrenatural, el fuego de la sala, sus rostros iluminados por aquel tono naranja y las sombras que Federico alzaba mientras narraba la leyenda las habían dejado sobrecogidas. Tras haber escuchado con atención, Dolores compartió de aquella historia un aprendizaje.

—Lo que nos dicen que es amor no siempre lo es. Se disfraza, asume esa apariencia, pero no lo es. Y ahí no hay hechizos que valgan, solo huir y alejarse de quien te atrapa sin ser dueño de ti —sostuvo, con la verdad por delante—. Que no sucedan más leyendas como esta, la del amor brujo, cuyos nombres y voces corrieron por toda la sierra, por el hechizo que traspasó a la muerte, y contra la que ninguna bruja pudo hacer nada, salvo enfrentarse a la realidad a riesgo de vida o muerte. Siempre hay que salvarse. Nuestros hombres, esta noche, vendrán. Tenemos que hacer frente al destino.

A continuación, Dolores avisó a todas que había que protegerse, permanecer unidas ante una noche que amenazaba dura para ellas. Dispuso hierbas a la entrada de la casa y luego hizo tomar a todas un brebaje, como protección y forma de hacer frente a los malos espíritus que atenazaban. Una a una lo ingirieron, no sin reticencias y gestos de desagrado. También el propio Federico, y experimentaron un cambio de estado inmediato. El aroma de malva, romero, retama, hinojo, hierba luisa, helecho y hierba de San Juan inundó cada esquina de la casa y más allá. Rozó el último pétalo de la rosa blanca que caía al suelo y traspasó por los resquicios disponibles, viajando el perfume hasta lo más profundo del oscuro bosque. Allí, la mendiga inspiró con fuerza y se percató de que era el mismo brebaje que ella había enseñado a Dolores cuando empezó su aprendizaje. Inspiró de nuevo y se apoyó, con los ojos cerrados, unos segundos, para pensar. Luego los abrió, con una sonrisa satisfecha, y tras las hojas de las copas de los árboles comprobó que todo estaba tal y como había planificado, y que comenzaba el eclipse de luna de sangre. Entre las nubes de polvo, la luna enorme y roja se abrió paso y vaticinaba el destino de las próximas horas. Dio dos toques extendiendo su bastón a ambos lados y, de entre el follaje que la rodeaba, sobresalieron dos figuras camufladas con máscaras, recubiertas de hojas de árboles, secas y húmedas, y agallones de robles, que se mimetizaban como harramachos con el paisaje y que simbolizaban los espíritus de los antepasados hombres de los bosques.

—Que se agite el fuego —dijo uno.

—Que se llame a los muertos —sumó el otro.

Devolvió la mirada a sus leñadores ya preparados y, de nuevo, contemplando el cielo, les marcó.

—Es la hora. Ya está la luna manchada de sangre.

LA ROSA SIN PÉTALO

— 1 —

Desde fuera, la vida en la casa de la Huerta de San Vicente parecía que se había detenido. Aquel intenso perfume de las hierbas había provocado que perdieran el sentido durante unas horas, unido al efecto de algunas copas de alcohol, de una botella que Federico había traído de la buhardilla para brindar por todas ellas. La música ya había cesado y el crepitar del fuego era la única ruptura de la quietud que inundaba las estancias, incluida la cocina. Allí, todas permanecían atrapadas por un sueño. Poncia y Zapatera descansaban desparramadas sobre la silla, y con sus cabezas apoyadas en la pared. El resto, junto con Federico, dormían unas sobre otras o tiradas en la misma mesa que habían compartido ante la chimenea. El tiempo marcaba que se habían superado las doce de la noche, y la rosa ya había esparcido todos sus pétalos sobre la mesa y el suelo.

Fue entonces cuando uno de esos pétalos empezó a balancearse. Un siroco entraba por las rendijas de las ventanas y las puertas. Empujó levemente uno a uno aquellos pétalos hasta desplazarlos por el salón, como si tuvieran vida propia. De golpe, como si ocurriese una lucha interna entre la naturaleza, aquel aire caliente fue reemplazado por un céfiro brusco que apagó el fuego de la chimenea e hizo que los cuerpos de algunas mujeres se estremecieran, aún sin llegar a desvelarse. El viento comenzó a ulular en sus oídos tras emitir un silbido largo al colarse por las rendijas. Parecía tener su propio idioma y creció más y más hasta alcanzar una velocidad que no solo agitaba y golpeaba las hojas de las ventanas, sino que hacía que el cazo sujeto a la pared incluso marcara un tintineo por la vibración, lo que provocó que algunas mujeres despertaran abruptamente y aturdidas.

En la oscuridad, Rosita, Belisa y Criada, que fueron las primeras en percatarse, frotaban sus ojos a la que vez que forzaban que sus pupilas se adaptaran a la escasa luz. Desorientadas y asustadas, miraban las ventanas que desde fuera eran empujadas. Cuando Rosita iba a preguntar en alto qué ocurría, las ventanas de la cocina y de toda la casa se abrieron de par en par; sus hojas se tambalearon, agitando al aire o tirando al suelo algunos utensilios de la cocina y el comedor, provocando que todas se despertaran entre gritos. Aún más, cuando por aquella ventana empezaban a llegar decenas de aviones de papel que chocaban contra sus cuerpos mientras ellas huían sin dirección. El fuerte viento había conseguido levantar el resto de las ventanas y a través de ellas entraban sin parar aquellos papeles que viajaban de estancia a estancia, a la vez que María Josefa bailaba y jugaba a saltos con los aviones. Poncia, Criada y Federico hacían fuerza para cerrar las hojas de la ventana de la cocina. Las hermanas Bernarda Alba y la madre, con la hija de Dolores, sumaban esfuerzos para plegar el ventanón del comedor. Zapatera, Mariana y Conjuradora corrían para plegar los cristales del salón. Y Rosita, la novia de Leonardo y Belisa subían las escaleras para cerrar los de la ventana ojival del descansillo.

Cuando consiguieron cerrar todas las ventanas, los suspiros y desahogos de todas se mezclaban, mientras se distribuían para descansar sus cuerpos sobre las paredes o en las sillas y mesas que identificaban con la poca claridad que entraba de la noche. Los comentarios resonaban como un eco en la cabeza de Rosita. No solo porque le inquietaba bastante aquella luna roja que había visto tras el cristal de la ventana, sino porque aquellos aviones de papel le recordaban el juego que su primo hacía con ella, cuando se pasaban mensajes de amor por el jardín. Rosita miraba al suelo, atónita, todos aquellos papeles que la rodeaban, y cuando comprobó que varias de las mujeres estaban dispuestas a cogerlos, ordenó que nadie los tocara. Fue ella, ante el asombro de todas, la que afrontó recoger uno de ellos, lo desplegó y se giró hacia la ventana, en busca de claridad para leer. De inmediato, el corazón le dio un vuelco, que se precipitó aún más cuando escuchó dos golpes secos en la puerta.

Tras aquellos primeros toques vinieron otros más, con diferente ímpetu. Rosita contemplaba desde lo alto de la escalera, sin soltar la carta de su mano, cómo los cuerpos y sombras de sus compañeras aparecían por el umbral de acceso a la cocina y el salón, y por el rellano, manteniendo una distancia prudente. Y cómo, en el centro de aquel espacio, Federico optó por adelantarse. Llevaba con él uno de aquellos aviones de papel, aunque lo dejó caer en su camino. Levantó sus manos en señal de calma y se dirigió hacia la puerta. Los corazones, incluido el del propio Federico, se aceleraban por segundos. Temió por unos instantes. Aún quedaba en él aquella sensación de los últimos días de su existencia, cuando cualquier sonido extraño era una sospecha, cualquier llamada al teléfono de la Huerta una preocupación, o cualquier toque en la puerta podía ser el final. Quizás, pensó, venían de nuevo en su busca por haber traspasado el mundo de los muertos para revivir en el mundo de los personajes, pero pronto evitó aquellas ideas. Se convenció de que no tenía nada que perder. Ya estaba muerto y, como responsable de todo aquello, tenía que enfrentarse a los avatares de las historias que había creado. Cogió aire de forma profunda y, cuando llenó sus pulmones, abrió la puerta. Al principio, solo pudo identificar la silueta de tres cuerpos casi ocultos por la oscuridad, y solo cuando los demás levantaron sus rostros supo ante quiénes se encontraba. Uno de ellos tomó la voz principal, conocedor de quién estaba delante de ellos, y confirmó la intuición del poeta.

—Venimos por la boda de Novia. Somos sus hombres. Los hombres de Federico.

A Rosita no le había hecho falta mirar su rostro desde aquella distancia. Cuando escuchó esa voz, la de su primo, las fuerzas que le quedaban la abandonaron y perdió el conocimiento.

Belisa, que estaba a su lado, sujetó su cuerpo desvanecido antes de que cayera al suelo y pidió a gritos ayuda al resto, que se asustó ante los últimos acontecimientos. Mariana y Criada subieron las escaleras para dar apoyo, y Poncia y Belisa buscaban nuevas velas. Federico pedía que cuidaran de la joven, antes de abandonar la casa para hablar con los hombres, que no paraban de reclamar en voz alta su derecho a entrar, mientras él empujaba sus cuerpos hacia fuera y cerraba la puerta verde. Una vez en la acera de entrada, los hombres hablaban de forma atropellada, uno sobre otro, sin que Federico pudiera entenderlos. Los llamó al orden y los llevó hasta los bancos de la entrada, con la petición de que solo uno de ellos se manifestara para trasladarle sus intenciones.

—Ante todo quiero saber cómo está Rosita.

Federico frotó su cara, aún sin creer que sus hombres estaban con él. Aquello le parecía surrealista, aunque también lo era que él, muerto, estuviera de nuevo en la vida. Decidió no pensar y respondió por mero impulso.

—¿Cómo quieres que esté, primo? Si has venido a esta casa de golpe y porrazo y has traído centenares de cartas.

—¡Necesito que sepa que yo le escribía pero que nunca le llegaron!

—¡No hables solo de lo tuyo, que aquí hemos venido todos a lo mismo! —dijo una voz detrás de él, que se adelantó para presentarse—: ¡Soy Zapatero y vengo en busca de Zapatera! ¡Maldita la hora en que le hice caso a mi compadre Manuel!

—¡Tú vete de aquí ya, que estás hecho un viejo! —espetó otra voz que Federico intentó identificar—. Te recuerdo que tu Zapatera bebía los vientos por mí, Emiliano, que no paraba de repetir mi nombre con esa música que tiene cuando habla.

—¡De mi mujer no hablas así!

—¡Si te ha abandonado, viejo! —espetó Emiliano, quien se enfrentaba a un Zapatero que lo desafiaba dándole unos golpes torpes que quedaban en el aire.

—Haya paz, señores. Las palabras están para algo —comentó otra voz.

—¡Ya habló el muerto! —aclaró Zapatero.

Perlimplín se sintió molesto por el comentario e hizo un gesto de desprecio.

—Más allá de nuestros intereses particulares, traslademos a nuestro creador nuestra verdadera intención. Hay que negociar, vosotros no sabéis de eso —sostuvo una voz rotunda que pertenecía a don Pedro.

—No se fie de él, don Federico, que dejó abandonada a Marianita en el cadalso por puro egoísmo —comentó Fernando, que recibió una mirada enérgica del liberal.

Federico quiso mediar ante el revuelo que se creaba entre aquellos varones.

—¿También queréis ajustar cuentas conmigo? Ellas lo merecían —justificó.

—¿Acaso nosotros no? —se quejó el primo—. Hicimos lo que hicimos porque usted nos lo dejó escrito. También queremos cambiar lo que fuimos.

—¿El qué? —replicó el Zapatero—. Yo no quiero cambiar nada de mí, lo que quiero es que mi Zapatera no sea tan terca y cambie ella de opinión.

—Quizás, ahora, os corresponda a vosotros —matizó Federico—. Yo solo escribí según la historia de muchos hombres humanos que conocí.

—Pues de eso nos quejamos. Que esos humanos nos pusieron un pie encima... —dijo Perlimplín.

—¿Cómo? —preguntó un Federico desbordado, ante mensajes tan precipitados.

—Quiere decir que esos humanos en los que se inspiró nos condicionaron —resolvió el primo.

—Eso es, qué bien lo cuentas —sostuvo el Zapatero—. Sigue, sigue...

—Hemos quedado como malvados solo porque ellos lo fueron —prosiguió el primo—. ¿Pero qué otra cosa podíamos resolver? Hacer lo que queríamos nos haría ser mal vistos como hombres ante todos. Yo hubiese querido quedarme con prima, pero mi madre estaba viuda y necesitaba dinero y una buena boda, y yo tenía que responder ante ella. Yo hubiese querido venir desde Argentina y llevarme a Rosita, pero me decía mi padrino que eso no era ser un verdadero hombre, sino un crío caprichoso. Que yo hubiese querido llorar y no podía...

—Es que los hombres no lloran —añadió Zapatero, enérgico, dando una colleja a primo, que se llevó la mano a la cabeza.

—¿Usted lo ve, Federico? —respondió el primo—. Todo el mundo piensa así y usted nos colocó con la mirada solo puesta en trabajar, trabajar y trabajar, y ser hombres de nuestras casas. Y sabemos que ahora las cosas son diferentes, pero necesitamos hablar con ellas también. Hemos superado nuestras diferencias. Conocedores de lo que sucede, hemos venido porque queremos ayudar.

—¿Dónde está el resto de los hombres? ¿Por qué solo vosotros? ¿No veníais a la boda? —interrogó Federico, interesado y sobresaltado aún.

Desde el interior de la casa, las mujeres se agolpaban en la ventana del comedor, contemplando la escena. «¡Pero si es tu Zapatero!»; «¡Por los clavos de Cristo,

HUERTA
DE S. VICENTE
Nº 6

que el otro es el Emiliano!»; «¿Pero cómo va a ser Perlimplín, si está muerto?»; «¡Me va a dar algo»; «Vaya farsantes, dirán que vienen por la boda, ¿pero quién los ha invitado?»; «¿Estás segura de que es él? Mira bien tú, que yo no veo desde lejos si el mío es aquel»; «Pepe el Romano no está, ¿verdad?»; «Yo no quiero ver a don Pedro..., y pobre Fernando»; «¿Y Leonardo, mi marido? No lo veo»... Todo eran frases atropelladas, suspiros, quejidos y otras palabras irreproducibles. Federico movía las manos, como si intentara llegar a un acuerdo con ellos. Les indicó que se quedaran allí y caminó de regreso hacia la casa. Cuando lo vieron, todas, de forma precipitada y chocando entre ellas, incluso quemándose con la cera de las velas que portaban Criada y Belisa, se alejaron del cristal, aparentando no estar preocupadas por la situación. Disimularon todo lo que pudieron cuando Federico entró, mientras ellos intentaban controlar ahora todo desde fuera.

—¿Creéis que Federico se ha llevado una buena impresión de nosotros? —preguntó Zapatero en el jardín.

—De ti, lo dudo —lanzó Emiliano, desde el banco donde estaba sentado.

—De vosotros dos, seguro que no —sentenció el primo, quien se movía inquieto de un lado a otro. No dejaba de mirar la puerta de la Huerta de San Vicente, inundada por aquel calor que cada vez aumentaba, aquellas nubes de polvo y aquella luna roja. No despegaba su vista de la entrada por si Federico salía con nuevas noticias. Dentro, el poeta se empeñaba en tranquilizar las preocupaciones de las mujeres, alertadas por lo que acababa de transmitirles. Primo había traído noticias inquietantes y Federico se había cuidado de no ser demasiado duro en comunicarlas, aunque, por mucho que intentara suavizarlo, le resultaba complicado. Todas habían guardado silencio después de que el poeta les comunicara lo que sabía por el primo de Rosita. La invitación a la boda era una excusa para presentarse allí. La verdad que ellos habían descubierto en el camino era que unos leñadores habían secuestrado a Novia y a Yerma y que la mendiga había cerrado un plan con los hombres que no estaban allí presentes, amenazándolos a ellos mismos de que en caso de no sumarse a sus fines terminaría por quemar sus historias en los libros para que no tuvieran donde regresar jamás. Aquella era una nueva advertencia.

El incendio venía de camino, de modo que, o abandonaban pronto la casa, o acabarían siendo devoradas por las llamas. Las hermanas y Bernarda Alba imploraron a Dios, besaron sus crucifijos y se dispusieron a rezar, sobrepasadas por las amenazas. Rosita pidió a Federico que se retirase unos minutos, que tenía que hablar con el resto de las mujeres. El poeta se apartó del comedor hacia el salón y se entretuvo acariciando las teclas de su piano mientras ellas deliberaban sobre qué hacer. Más rápido de lo que había pensado, las mujeres lo reclamaron de nuevo. Ante él, Rosita, más recuperada, trasladó la decisión de todas.

—A ellos tendrás que convencerlos de que nos dejen ser. Y si vienen las llamas, que vengan. Nosotras no nos vamos de aquí sin Yerma y Novia. Llegamos juntas y nos iremos juntas, como sea. Hasta el final.

—2—

—¿Dónde está la madre de Novio?

Aquella pregunta, a la luz de las velas, les generó intranquilidad. Tras recorrer los recovecos de la casa entre todas, aquella ausencia las dejó en situación de alarma. Tanto si era una desaparición como una huida voluntaria. Tuvieron que dejar de lado aquella preocupación ante la urgencia de localizar a Novia y a Yerma. Todas eran conscientes de que con la luz de la mañana, como el año anterior, deberían regresar a sus historias si podían. Y, en esta ocasión, si no se abrasaban. Quedaban pocas horas para ello. El humo del fuego y el olor a quemado traspasaba las paredes de la casa donde estaban reunidas, desde donde controlaban que los hombres de Federico permanecieran en el exterior. Dolores había avisado de que se preparasen para un ritual de protección. No olvidaba la historia del amor brujo que Federico les había narrado y temía que Novia y Yerma hubiesen sido atrapadas por algún embrujo del que no supieran cómo salir. Quizás, calculaba, el incendio que se aproximaba no era fortuito, sino una forma de que se acercaran fuegos fatuos, almas oscuras. Frente a tal amenaza, ella necesitaba crear con sus compañeras un fuego que demostrara que estaban allí, dispuestas a hacer frente, pero también que aquellas brasas las protegieran, las alejaran de malos espíritus y quemase las energías indomables que las rondaban.

La hija de Dolores escuchaba las indicaciones que su madre daba al resto de las mujeres pero no olvidaba las últimas palabras que le había advertido en privado, como si fuera un presagio. Tenía que aprender a tener la mente fría ante todo lo que pudiera ocurrir y cumplir con la orden de preservar la llama de la hoguera siempre encendida para que no cesara la protección sobre ellas. Pensó que quizás Federico pudiera calmar su angustia y consideró desahogarse con él, pero se percató de que había desaparecido de aquella reunión.

Federico las había dejado en el comedor, para que tomaran sus propias decisiones, y subió al piso superior. De nuevo, una vez más, a su habitación. Allí permaneció unos minutos, en una soledad que le hacía compañía, porque sentía que ese espacio le acercaba a aquellos de los que nunca pudo despedirse y a quienes ya tenía muy lejos. En cada regreso a la vida mostraba su apariencia de felicidad ante las mujeres, pero por dentro su alma seguía vacía y marchita. Esta vez no quiso cometer aquella inocencia de gritar a voces por su madre y por su padre en cuanto puso allí un pie. Le daba vergüenza volver a repetir aquella escena, pero era cierto que, mientras todas le rodeaban, él había mirado más allá, por si entre aquellos cuerpos aparecían los de los suyos. Luego, cuando puso el gramófono, había sentido un frío intenso tal vez procedente de algún alma cercana que, atraída por la música, había querido hacerle sentir su presencia. Y ahora, allí, en silencio, imaginaba que las sombras de sus difuntos le rodeaban en aquella soledad compartida, con tantas preguntas por responder y tantas respuestas pendientes de cerrar. Lo que ocurría aquella noche era tan turbio que se sentía incapaz de expresar a la Conjuradora, de nuevo, la necesidad de hablar con los suyos.

Se levantó de aquella cama donde tuvo sus últimas pesadillas y que contuvo sus últimas respiraciones de angustia. Acarició de nuevo su mesa y sonrió levemente. De allí, abandonó la estancia para perder su memoria entre recuerdos fotográficos de cartas e imágenes familiares que se exhibían en la sala de exposiciones contigua. Incluso recordó algunos dibujos y poemas de los últimos años que había olvidado, aunque sabía perfectamente qué angustia vital correspondía a cada uno. Al salir de aquellas habitaciones junto a las que estaban los dormitorios de su hermana y de su hermano, se percató de que la última puerta del pasillo, la que daba a la terraza superior, estaba entornada. Recorrió el espacio con lentitud y la terminó de abrir. Desde allí, la perspectiva de la altura hacía que el paisaje de la noche impusiera aún más. Ya no tan lejos se observaba el avance del fuego descontrolado, con una línea naranja en el horizonte que aumentaba de grosor. El olor a ceniza y humo era ya intenso. Se percató, entre la oscuridad, de que un cuerpo estaba apoyado en la barandilla. Movía su cabeza de un lado a otro y tenía el cabello completamente suelto. Se acercó a ella y María Josefa le sonrió con afecto antes de descansar su cabeza sobre su brazo. Federico y ella se quedaron contemplando aquella luna enigmática, en pleno eclipse, que le daba ese tono rojizo que nunca habían presenciado.

—¿Y ella qué te dijo? —preguntó la anciana por sorpresa.

—¿Quién?

—La luna. ¿Quién va a ser? La luna habla. La luna me habla. Y yo hablo con ella.

—¿Y qué te confesó a ti, querida María? —respondió Federico, con una sonrisa.

—Que está cansada de marcar los tiempos de las plantas y de las mareas. Y que quiere que me vaya con ella. Que la ayude a observar desde arriba los recelos y los amores escondidos, las emboscadas y las reyertas bajo su luz. Que ella no puede con tanto dolor y tanto drama y tanta muerte bañada de sangre. No sé llegar hasta ella, Federico. Y hoy, tan roja, me da miedo preguntar, que parece enfadada y arrastrada por el mismo diablo.

La anciana le miró con los ojos cargados de vacío y cierta decepción.

—Solo hay una manera de saberlo, querida. ¿Le preguntamos cómo llegar? Venga, pregúntale. Con los ojos cerrados, con toda la intensidad que puedas.

El rostro de María Josefa se iluminó y se marcaron más sus arrugas. Miró de nuevo a la luna, se agarró con fuerza a la baranda y preguntó con suavidad, como quien deja exhalar un suspiro ante una divinidad. Y tras su oído, Federico, con un tono muy bajo, susurró y simuló su voz:

—Cuando duermas y sueñes, llegarás a un mar de plata, de pescados sin escamas, y las volutas de las olas te guiarán hasta la línea del horizonte. Un velero blanco cruzará el tiempo para estar conmigo.

María Josefa abrió sus ojos después de escuchar la respuesta, miró a Federico y se puso a dar saltos de alegría. La anciana bajó rápidamente las escaleras de la casa, para contar a las mujeres que la luna había hablado, pero comprobó que estaba sola y que todas salían al exterior. Antes de seguirlas, su mirada se clavó en el gramófono y se acercó a él con interés.

Federico, desde la terraza superior, contemplaba cómo los hombres se apartaban hacia un lado ante la salida de las mujeres. Algunas los miraron. Otras, ni quisieron hacerlo y se dispusieron con entrega a su cometido. Mientras perdía de vista a un grupo que se escondió bajo la madreselva de la casa de los guardeses, observó cómo Dolores, su hija y Poncia encendían una hoguera. Una vez prendida, ellas también se apartaron, aproximándose al lugar de reunión del otro grupo.

De pronto, sonó la campana de la iglesia. Recordaba que era la una de la madrugada. Y, tras aquel tono, la música de *El amor brujo* empezó de nuevo a sonar desde dentro de la casa, mientras María Josefa se hipnotizaba con la púa que surcaba el disco de pizarra. Desde arriba, sugestionado por la luna de sangre, el fuego, la música y la magia, Federico comprobó cómo aquellas mujeres habían organizado un aquelarre propio en aquella noche. Una tras otra, bajo el influjo de aquella composición, salían de la casa de los guardeses con una antorcha encendida en sus manos. Cuando Dolores pronunciaba unas palabras extrañas, e invocaba los nombres de Yerma y Novia, cada una de las mujeres se acercaba a la pira a mezclar el fuego de su antorcha para darle más vida, quemar sus dudas y purificar su alma. Poco a poco, rodearon aquella hoguera alrededor de la cual empezaron a girar y a bailar al ritmo de la música, con un balanceo delicado en el que sus brazos y dedos en alto parecían, a la sombra de la lumbre, nuevas llamas que ascendían.

Cuando acabó el ritual, como había acordado, Dolores se desplazó hasta la entrada del bosque. Caminó unos pasos hacia dentro. Antes de desaparecer, se paró, miró hacia arriba y cruzó su mirada con un Federico sobrecogido, que se llevó la mano al corazón ante lo que intuyó como despedida para siempre. La Conjuradora avanzó, sin querer mirar más atrás porque sabía que, en la entrada, su hija sostenía las lágrimas, mientras comprobaba cómo la silueta de su madre se perdía en el fondo del bosque. Conjuradora pestañeó con fuerza, intentando que el humo y el calor del camino no fueran un impedimento para continuar. Sin embargo, pronto aquel clima ralentizó sus movimientos y se percató de que el aire que respiraba nublaba su conocimiento. Así fue hasta que, de la tenebrosidad más absoluta, intuyó moverse un conjunto de hojas que la rodearon y cayó al suelo. Ya en sus pies, ella abatida, uno de los harramachos miró al que lo acompañaba y revivieron juntos las palabras que pronunciaron años atrás como leñadores bajo el mando de la luna:

—¡La sangre!

—Hay que seguir el camino de la sangre.

—Pero sangre que ve la luz se la bebe la tierra.

—Oigo los grillos, las ranas, el acecho de la noche...

—¡Ay, muerte, que sales!

—Muerte de las hojas grandes...

—¡No abras el chorro de la sangre!

—3—

—¡Abuelooo! ¡Que se queda el último! —soltó con una carcajada Emiliano, que iba en la delantera.

—¡Como no te calles te voy a clavar la lengua! ¡Y como Zapatero que soy tengo dominio de ello! —respondió irritado, pero sin poder acelerar sus pasos.

—No nos teníamos que haber marchado sin decir nada —comentó Fernando, que caminaba al final con el resto de los hombres.

—He tenido expediciones más duras como para amedrentarme por un grupo de mujeres —espetó don Pedro de Sotomayor, quien lo escuchó desde lejos—. No se puede ir por la vida pidiendo permiso cuando hay vidas que corren peligro.

—No lo dirá usted por Mariana, a la que abandonó.

Don Pedro, que encabezaba el grupo de hombres, frenó en seco para caminar hacia el final del grupo con la intención de coger a Fernando del cuello, antes de que el resto de los hombres lo evitara. Aun así, a distancia, le quiso lanzar unas palabras.

—¡Despierta ya de ese amor platónico por Mariana! Mucho defenderla, pero bien que no tuviste arrojos de subir al cadalso. Sabías que eso te hubiese llevado a la muerte.

—¡Calmen, señores! Entendamos que las peleas no nos llevan a ningún sitio —apuntó el primo de Rosita—. Nada de lo que hagamos ahora repara el daño que hicimos a esas mujeres. Solo podemos hacer una cosa por ellas. Si no confían en nosotros, consigamos que lo hagan. Y la única manera es ayudarlas a encontrar a sus amigas o, mejor aún, dar con esos otros hombres que faltan. ¡Pongamos de nuestra parte!

—¡Sé sincero! —replicó Fernando—, que también hacemos esto por nosotros. Te he escuchado contarlo antes a Federico. Que estamos aquí también o por hablar con ellas o para evitar que los libros acaben quemados, como amenaza la mendiga, y nos quedemos nosotros sin volver.

Todos guardaron silencio ante una verdad incontestable. Don Pedro se calmó, no sin antes lanzar una mirada de desafío a Fernando desde la distancia, y volvió a encabezar el grupo, abriendo paso entre los troncos, arbustos y maleza que se encontraban.

—¿De qué creéis que será capaz Novio? —preguntó Perlimplín.

—De que impida la boda y mate de nuevo a Leonardo —respondió el primo.

—Pero si ya le mató.

—Pero, como a todos, le habrá llegado a sus oídos que el año pasado volvió a la vida y estuvo con Novia. Tiene el rencor a todos los Félix, que mataron a su padre y a su hermano. El rencor nunca se apaga, como este fuego insoportable.

—No podían tener otro final. Huir y esconderse para siempre no es vida —añadió Emiliano.

—La Novia fue una miserable —sumó Zapatero a la conversación.

—Yo recuerdo, cuando acompañaba a mi padre a su taberna, que los hombres de allí decían ser más hombres cuantas más mujeres se llevaban a la cama. En vuestra taberna los tratabais como héroes y brindabais entre risas. Aprendí desde pequeño que eso era ser un gran hombre. ¿Por qué nosotros sí y ellas no? Mirémonos nosotros mismos. ¿Hemos estado a la altura?

—Ese, desde luego, no —subrayó Fernando—, que dejó a Mariana en el cadalso.

Don Pedro se giró aún más violento que la vez anterior, hasta que le dio caza de los pelos, mientras el joven lograba deshacerse de él y esconderse tras primo y Perlimplín.

—Sea usted más listo también y no caiga en las provocaciones —añadió el primo, lanzando una mirada de reprobación a Fernando, que ordenó retomar el camino ante el poco tiempo que tenían.

—¿Pensáis que Leonardo o Novio pueden volver a aparecer? —preguntó Zapatero—. Es cierto, entonces, eso que siempre decían en la taberna del cementerio de personajes, ¿no?

—Sí, eso parece, je, je... —comentó Perlimplín quejoso—. ¡Si yo mismo estoy aquí! ¡Que estoy muerto!

—¿Y por qué te suicidaste? —lanzó Emiliano.

—No me preguntéis por ello —evadió, levantando las manos con exasperación—. Hay más muertos. El de Yerma, por ejemplo.

—A ese lo conocí yo —desveló el Zapatero—. Venía a la zapatería, pero mucho más a la taberna. Era tan seco y bruto como yo, pero se quedaba en la barra agarrado al vino horas y horas. A Yerma le mentía y decía que trabajaba, pero no era así. Y él le tiraba los trastos a todas, pero a ella la tenía firme. Su padre también era muy terco, fuimos amigos de niños. Como nos educaron, así somos. Leonardo y Novio también se criaron juntos. Pelearon siempre desde pequeños. Es nuestro lenguaje.

—¿Y quién decidió que lo fuera? —replicó Perlimplín—. Yo, para eso, fui poco valiente.

—Nosotros mismos, nuestros padres, nuestros abuelos... Todo lo hemos aprendido.

Don Pedro ordenó parar en seco, con la intuición de que estaba escuchando alguna presencia cercana. La misma sensación, a unos pocos metros de allí, en otra dirección, tenía Rosita. Ella también se paralizó cuando creyó escuchar el eco de algunas palabras en mitad de aquel bosque, pero todo el entorno la aturdía tanto que dudaba de cualquier referencia. La luna de sangre resultaba perturbadora para su ánimo, y las leyendas y mitos sobre ella no dejaban de rondar en su cabeza. Tampoco podía evitar recordar que, unos instantes antes, había juntado sus manos con las del resto de compañeras para desearse buena suerte antes de separarse. No podía dejar de pensar en cómo aquel bosque encantado cada noche del 17 de agosto era, en esta ocasión, una auténtica amenaza. Su aire era el aroma a leña y hojas quemadas que atrapaban su piel, su ropa y su cabello. Su calor creaba una atmósfera palpitante, y su oscuridad, una inquietud ante la incertidumbre. Aquel desasosiego, además, le sucedía casi a cada paso, cuando maldecía su torpeza por chocar de forma constante con árboles y setos que no identificaba. Solo le tranquilizaba saber que Bernarda, Poncia y sus hijas vigilaban a los hombres de Federico, y eso les hacía sentirse a salvo a pesar de aquel siniestro lugar. Sus ojos inspeccionaban los pocos terrenos aún sin quemar en el bosque, con el deseo de que en alguno de ellos estuvieran Yerma o Novia... o Dolores. Ante el temor de que ella también hubiera desaparecido, todas acordaron entrar en el bosque, aunque aquello rompiera las normas que acordaron con la Conjuradora.

También habían acordado que se irían de allí todas juntas, y la madrugada ya acechaba sobre ellas. ¿Qué ocurriría si, en las pocas horas que quedaban, no localizaban a las tres mujeres perdidas? ¿Cómo regresarían a sus libros y a sus historias sin Dolores? ¿Cómo era posible que lo que había imaginado como un encuentro tranquilo entre todas se hubiera convertido en una noche de pesadilla? ¿Y por qué habían desaparecido ellas tres? ¿Por qué no, por ejemplo, ella misma? Belisa o Zapatera, que, como ella, estaban inspeccionando el bosque, ¿podrían haber desaparecido ya también? Quizás ella misma ya era una desaparecida y no lo sabía. Paró en seco aquellas preguntas cuando, al girarse para regresar en busca de sus amigas, se encontró con la cara de su primo, en un sobresalto.

—¡¿Qué haces aquí?! ¡No me persigas! Me valgo yo sola. Vuelve con tus compañeros. Espero que no hayáis hecho nada malo a Bernarda y sus hijas.

El primo retrocedió unos pasos y elevó las manos para negar.

—No, no, no. No hicimos nada, de verdad. Es solo que la madre de Bernarda, una señora muy mayor, estaba haciendo alguna trastada en casa, todas corriendo dentro en su busca y...

—Aprovechasteis para venir detrás y no cumplir vuestra palabra. Pero es normal, en eso tú eres experto... Déjame pasar.

Rosita lo rodeó y avanzó unos pasos en el camino, mientras su primo iba tras ella, siempre sin poder adelantarla por todos los obstáculos que se encontraba.

—No me digas eso. Mujer, entiéndeme, no tuve elección. Para un hombre, en mi época, o aceptaba aquel acuerdo o... Un hombre también tiene que asumir a veces cosas que no quiere para no ser tachado de pusilánime. Me hubiese gustado cumplir con mi palabra.

—Haberla cumplido —respondió, parando en seco y dirigiéndose a él—. Pero ¿sabes lo que ocurrió? Que no la querías cumplir, y preferiste que mi esperanza se apagara poco a poco, hasta que me sentí humillada y dolida en lo más profundo. Hay incluso príncipes que han perdido un reino por amor, y les ha importado poco el qué dirán. Al menos, yo merecía saber la verdad, para no haberme marchitado con el tiempo.

—Te escribí, pero cambiasteis de carmen y no te pude localizar.

—¿Y de qué me servía que escribieras tanto tiempo después, primo, si te fuiste con otra? Tú, que siempre lo dabas todo por tan inmediato. Y al siguiente mensaje, decías de nuevo «paciencia, Rosita». Y al otro me decías que ya estabas cerca. Y al otro, otra espera. Y al otro, que sí, que no me engañabas. Y al siguiente, que confiara. Y eso es lo que más me duele. Confié en ti, siempre. Me fallaste. Miro en tus ojos y ya no eres esa persona en la que creí con ceguera. Una confianza rota no la arregla ya ninguna palabra jurada a estas alturas. Déjame seguir mi camino, por favor.

El primo la vio alejarse y no se atrevió a acompañarla. Rosita avanzó con premura, con los ojos cargados de lágrimas, pero respiró profundamente. No quería que ninguna cayera de su rostro, porque él no lo merecía. Y, a la vez, se enfadaba porque hubiese interrumpido aquel momento tan urgente para sus compañeras, a las que ahora sentía como su familia. Caminaba sin dirección, sin saber aún que Zapatero había dado con Zapatera, a la que retenía una y otra vez mientras ella quería avanzar.

—Que no voy a ser tu cuidadora, que quiero hacer cosas que tú no.

—¡Terca! Eres una desagradecida, Zapatera.

—No seas bruto.

—¡Claro, como ahora lees y esas cosas, y hablas con tus amigas, y con el escritor ese...! Y sabes bien que yo no sé leer ni escribir, y te has vuelto muy culta. ¡Pues al Emiliano no le haces ascos y tampoco lee! A saber qué hubiese sido de ti sin mi boda, que di mi palabra como hombre.

Zapatera rugió por lo bajo, sobrepasada por aquella frase.

—¡La palabra no solo hay que darla, hay que cumplirla! ¡Maldita sea cuando nos hicieron depender del matrimonio para guardar la honra! ¿Pues sabes? Ya no es necesario. Y es más. ¿Acaso me has agradecido mis años de dedicación plena? No soy tu hija —espetó Zapatera, aunque quiso matizar sus ideas, en cierta manera aún conmovida por algunos recuerdos—. Que yo puedo hablar contigo o jugar al mus cuando pase por la taberna, pero no serás más mi condena.

Cuando terminó de decir aquella frase, Zapatera escuchó un grito de Belisa, que también alcanzó a Rosita. Entre la oscuridad, sirviéndose de sus propias voces como orientación, se localizaron y dieron con el lugar donde estaba Belisa, quien corrió hacia ellas en cuanto aparecieron.

—¡Que es él! ¡Que es el muerto, Perlimplín! Que viene a por mí —avisaba a sus compañeras, mientras se escondía tras ellas. Rosita y Zapatera se pusieron frente a él, desafiantes.

—Belisa, mi damisela querida, que solo quiero hablar contigo y saber por qué no me querías y te fuiste con otro —comentaba él, intentando alcanzarla por encima de las otras.

—Si ese otro eras tú, no me engañes. Di tú por qué nunca me decías aquellas palabras que aquel hombre imaginario sí pronunciaba. Di tú por qué eras incapaz de decirme esas palabras sin tu disfraz. Dime por qué te ocultabas y no me desvelabas la verdad. Di tú por qué te suicidaste cuando podías haberte marchado sin cargarme de culpa ante los ojos de todo el mundo. Todo por unos celos enfermizos e imaginarios tuyos que te hicieron peor hombre. Haberme dado todo aquello desde el primer día y no haberme creado otras ilusiones.

El resto de los hombres presenciaron, llamados por las voces, aquella escena, y rodearon a un Perlimplín que solo pudo callar y bajar su cabeza, casi derrotado por el discurso de la joven. Ella se apresuró a abandonar el lugar para seguir a Rosita y Zapatera, que iban en busca de Criada, de la mujer de Leonardo y de Mariana, que se habían sumado a la búsqueda antes. Sin saber que, en aquel momento, los harramachos ya trasladaban el cuerpo de Mariana, oculto y cubierto por una bandera morada y verde.

—4—

La Conjuradora empezaba a abrir los ojos, aún en el suelo, cubierta por su propio cabello sudado, por el calor intenso de la tierra y el entorno. Este, mezclado con el polvo, le impedía ver con claridad. A ras percibía, a unos metros, una imagen borrosa, oscilante por las ondas de calor. No sabía si era un espejismo, pero pronto adivinó que no. Quiso identificar aquella mancha oscura y próxima hasta que, de espaldas, adivinó que los brazos extendidos como si fuera un pájaro desvelaban que estaba con su antigua maestra. La mendiga se giró en cuanto intuyó que su discípula de décadas atrás despertaba.

—¿Dónde están Novia y Yerma? —balbuceó Dolores con esfuerzo.

La anciana, algo harapienta, mostró una sonrisa maligna, marcada por el resplandor del fuego que se acercaba, y se aproximó unos pasos, encorvando su cuerpo para que viera bien su marcado rostro.

—Novia y Yerma aguardan su destino, igual que todas vosotras. Y ellos... No todos los hombres suplicaban lo mismo. Cada uno gozará de su deseo. Hiciste bien en despedirte de tus amigas en la casa. No podrás huir de aquí. El incendio se aproxima. Lástima que tus piernas no respondan...

Dolores intentó hacer fuerza para incorporarse, pero era cierto que no podía tirar de su propio cuerpo, con seguridad, embrujado. Hizo lo posible para avanzar a rastras entre la tierra, pero no lo conseguía.

—¿Por qué...?

—Supervivencia... Hay que hacer justicia. Te enseñé todo y, luego, tu nombre estuvo en boca del mundo. Aquella gloria se olvidó, pero este último año volvió a resurgir tu poder, en cada taberna, en cada casa, en cada cueva, en cada charla en el arroyo... Aún más cuando se hablaba de la boda. No fuiste agradecida. Quien siembra, recoge. Y entre brujas y mujeres...

—Que seas mujer y bruja no me obligaba a acompañarte en tus artes oscuras —dijo Dolores, entre toses, con una voz quebrada por el propio calor y su dificultosa respiración—. El mundo está sobrado de maldad, odio y rencores. Se requiere una magia limpia y la tuya era un pozo de desgracias. Si ya me tienes aquí, acaba conmigo, pero deja al resto en paz.

—No, no puede ser. Es el precio a pagar por desafiar las normas. ¿Quién puede osar hablar de libertad? Ese Federico dejó abierto el camino y los hombres estaban desesperados. Prometer ver a sus mujeres era un buen aliciente. Y la mejor forma de poner orden.

—Su orden...

—Hay que aprovechar el dolor ajeno para la salvación propia. No cuesta convencer a una madre desesperada por su hijo, ni a una mujer con su marido muerto... Hay tantas cuentas pendientes... No temas. Comunicaré a tu hija tu abandono... ¡El fuego se acerca! ¡El infierno ya está aquí!

La mendiga se marchó riendo, satisfecha de que todo saliera como estaba planeado, seguida de sus fieles y cómplices harramachos. Uno tras otro se abrieron paso entre las nubes de humo, el calor, las hojas espesas y el camino de polvo hasta un punto de encuentro más próximo a la casa. Allí, la mendiga se detuvo, a la espera de que llegara la última persona a la que comunicar que todo funcionaba como estaba previsto.

A escasos metros, el grupo de mujeres y hombres acordaron ir siempre juntos, tras confirmar la desaparición de Mariana. No podía haber más bajas y no podían regresar a casa con peores noticias. De pronto, entre las sombras, Criada adivinó una silueta y advirtió de esa presencia al resto del grupo. No sabían si era alguna de sus compañeras y decidieron perseguirla, pero cada vez les costaba más. La llamaban por los nombres de las desaparecidas, por si cesaba en su camino, pero aquel cuerpo apretaba el paso cada vez más, como si quisiera escapar. Se escondía de forma huidiza una y otra vez entre el follaje del bosque, cuyo ruido al pasar servía como guía para no perderla. Continuaron un tramo más hasta que frenaron en seco cuando adivinaron la realidad. En una zona más abierta del bosque, la silueta se posicionó al lado de la mendiga, cuya presencia se adivinaba en un pequeño espacio de claridad. La anciana extendía la mano a aquella persona desconocida hasta que se giró al resto del grupo, mostrando el rostro enfurecido de la madre de Novio.

—¡Aquí los tienes, bruja! Te los entrego. Ya cumplí mi parte. ¡Atrás! ¡No impediréis que ocurra otra boda de sangre! ¡Al fin podré ver a mi hijo! ¡No me miréis así! ¡Fuera de aquí! Por todos los caminos. Ha llegado otra vez la hora de la sangre. Dos bandos. Vosotros con el vuestro y yo con el mío. ¡Atrás! ¡Atrás!

La madre de Novio se perdió tras los árboles junto con el cuerpo de la anciana, de la que solo se escuchaban sus carcajadas en la oscuridad, mientras sus fieles leñadores cumplían su última orden: crear un laberinto de vegetación en el bosque del que no pudieran salir, con muros de arbustos que rodeaban a cada una de las mujeres y hombres que la seguían, para aislar y separar a todos para siempre. A unos kilómetros de allí, Dolores había gritado ayuda, aunque pronto dejó de hacerlo. El calor la asfixiaba. El fuego estaba más cerca. Nadie la escucharía. Nadie la ayudaría. Y dijo solo para sí: «Que descanse mi alma».

—*5*—

—¡Qué pálpito! ¡Qué ahogo! ¡Que me recuerda ahora a aquella noche, cuando era la una de la madrugada y salía fuego de la tierra! ¡Presiento que ahí afuera están todos observando, como un león que respira!

Poncia repetía aquella frase que pronunció antes del fatal desenlace en la casa de Bernarda Alba. La madre y sus hijas estaban preocupadas por haber perdido la pista de los hombres de Federico y se culpaban las unas a las otras por no haberlos controlado. Bernarda caminaba sin dirección en la entrada de la casa, mientras sus hijas, sentadas sobre sus rodillas alrededor de la hoguera, no dejaban de escucharla.

—¡Ni diez ojos dispuestos han podido retenerlos! —maldijo Bernarda, en referencia a la suma de todas ellas—. ¿Veis por qué no puedo bajar la guardia? Me hacéis confiar en quien no debo.

La hija de Dolores escuchó esa voz de Bernarda desde el interior de la casa, donde María Josefa se entretenía con los aviones de papel que quedaban por el suelo. La muchacha subía al piso superior, con curiosidad por estar a solas en la habitación de Federico. Quería sentir esas energías, entre el mundo de los humanos y los personajes, de las que le había hablado su madre. Cuando dobló la esquina para entrar en el dormitorio, se paralizó con la presencia del escritor. Federico estaba en su mesa, cabizbajo, con la pluma en mano y un folio repleto de tachones y manchas, sin una palabra escrita. Levantó la mirada cuando sintió que sus ojos descansaban en él.

—Antes de que tu madre se fuera, me dijo que intentara volver a escribir, por si podía controlar la vida de los personajes, pero ya es tarde. Presiento que la suerte ya está echada y poco puedo hacer. Porque además, por algún enigma, mi cabeza no se une con este brazo, con esta mano y esta pluma. No me salen las palabras. No acabo lo que empiezo; es como si yo no escribiera.

La hija de Dolores, que había permanecido tímida en el umbral de la puerta, se acercó hasta su escritorio.

—No te agobies, Federico.

—Sí, me angustio —confesó, consternado—. En nuestro encuentro anterior ayudé a tu madre, a Rosita, a Bernarda..., a todas. Ahora solo he complicado sus vidas. Sostengo esta pluma y siento, como me sucedía otras veces, que los personajes se apoderan de mí. Que yo no dirijo sus vidas ni puedo decirles qué hacer, sino que me gritan, me hablan, me lloran y que desaparecen cuando les pregunto qué hacer.

—Quizás, como dice siempre madre, la naturaleza tiene todas las respuestas.

—Qué sabia tu madre. Está todo en ella. La vida y la muerte. Aire, tierra, agua, fuego..., el origen de todo. Desde el ser humano hasta el más minúsculo insecto. Todo está unido.

En ese instante, un tremendo vocerío se escuchó desde el exterior junto con el galope y el relincho de un caballo que rompieron el silencio. Federico y la hija de Dolores corrieron a la ventana para abrir el balcón y comprobaron que, hacia el interior del bosque, marchaban sobre el caballo un hombre y una mujer con un vestido verde.

—¡Ven aquí! ¡Pepe el Romano, devuelve a mi hija! ¡No te perdonaré en la vida!

La voz en grito de Bernarda desveló qué ocurría. Poseída por una fuerza descomunal, persiguió a aquel caballo como si su vida dependiera de ello, manteniendo en alto su nuevo bastón de madera. El resto de sus hijas y Poncia corrieron tras ella, introduciéndose en el bosque y gritando sus nombres. Incluso María Josefa se sumó, pero con una mezcla de emoción y pureza por ver a su nieta.

Bernarda corría y corría con la boca abierta, tomando y expulsando aire, entre aquel calor que aumentaba por momentos. Llevaba los ojos abiertos como platos, intentando guiarse por el sonido del trote del animal y forzándose en no perder, entre la oscuridad del bosque y la densidad del humo en el aire, la silueta del animal. En ocasiones, solo el vestido verde de Adela entre los árboles le permitía identificarlos. De pronto, no había rastro de ellos y el sonido del galope del caballo se detuvo.

—¡Pepe el Romano, deja a mi hija en paz! ¡No despiertes el dolor con tu presencia!

Repitió aquella frase por si se manifestaban, pero parecía que se los había tragado la tierra. Bernarda solo escuchaba su propia respiración en mitad de aquella naturaleza casi inerte. Pero sabía que era un falso reposo y que, detrás de aquella vegetación, permanecían ocultos. El caballo resolló de forma brusca con la fuerza suficiente para orientarla de nuevo y, con celeridad, se abrió paso arrancando algunas hojas, derribando otras con su bastón y saltando algunos troncos. Pero, cuando llegó al sitio donde se encontraban, su mirada se congeló. Pepe el Romano intentaba retener los nervios del caballo tirando del ronzal, en el centro del espacio, con una Adela agarrada a su cintura con fuerza. Y, enfrente, con el fondo del incendio que marcaba unos kilómetros de distancia, decenas y decenas de vecinas y vecinos del pueblo, con antorchas en sus manos, varas de olivos y mangos de azadones, venían a implantar su propia justicia. Las hijas de Bernarda, que llegaban una tras otra, emitían una inspiración impresionadas por tan dantesca escena e imploraban a Dios y la Virgen, con el recuerdo de otros relatos del pueblo aleccionadores para las mujeres.

—¡Dios se apiade de nosotras! —gritó Poncia.

Bernarda apoyó el bastón sobre el suelo para sostenerse. Hacía por mantenerse de pie, aunque su cuerpo se hubiese desvanecido ante semejante escena.

—¡Pepe, deja aquí a la Adela y vete con la Angustias! ¡No vuelvas a rescatarla, que ya le teníamos la mano encima hasta que has aparecido! ¡Entrégate tú también a Bernarda! —desveló una voz, entre la muchedumbre, que hizo comprender a Bernarda que Pepe había acudido a ayudarla.

Las hermanas se fijaron en el vestido de Adela y en ella. Comprobaron que el tejido ya estaba roto y que su cuerpo, débil y de piel blanca, estaba amoratado y con algunas heridas de sangre. Adela, por un instante, cruzó la mirada con Amelia, quien con lágrimas en los ojos le lanzó un beso, ante el que la joven dibujó una sonrisa muy apagada y alejó el dolor de su rostro por unos segundos.

—¡Vieja, Bernarda! ¡Afronte el destino de su hija! —gritó un vecino rudo en primera fila, cuyo rostro cargado de ira se iluminaba con su antorcha.

—¿Qué queréis? —preguntó la madre—. Mi hija murió, ¿no lo veis? Es solo un alma condenada.

—¡Que no vuelva nunca! ¡No queremos verla más! ¡Tu hija ensució el nombre de nuestro pueblo para siempre! —gritaba una vecina desde el fondo.

—Dejadla descansar en paz —suplicó.

—No hay paz para las mujeres como ella... o como Mariana —desveló otra voz masculina que se abrió paso entre la muchedumbre, arrastrando del cuello a la joven granadina.

—¡Así se dice, alcalde! ¡No queremos más mujeres sin honra en los libros! —chilló una en alto, a la que apoyaba el resto del pueblo entre alaridos y aplausos a los que Ramón Pedrosa sonreía satisfecho.

Bernarda, sus hijas y Poncia reaccionaron sobrecogidas ante una Mariana con pocas fuerzas pero que hacía por mantenerse ante aquella soga de la que cada vez Pedrosa tiraba más.

—¡Que no piense tu Adela que se librará! Mariana creía que podía escapar... y aquí la tengo. Se resiste y sabe que por un beso quedaba libre...será testaruda —sostuvo Pedrosa, mientras tiraba de la soga para traer a Mariana hacia él y besarla.

—Ni lo pienses...—protestó la joven, escupiendo en su cara y provocando una reacción contrariada entre los habitantes.

—¡Al suelo, miserable! —ordenó, mientras tiraba de ella a la tierra con la cuerda y, con la otra mano, se retiraba la saliva de la cara—. Es hora de que estas dos reciban lo que merecen.

—¡Déjame pasar o arrastraré al caballo por encima de ti! —advirtió Pepe el Romano, agitando al animal.

—¡Obedece al alcalde! La Mariana es de alto rango, pero a tu Adela... ¡El mismo destino que a la hija de la Librada le espera! —desveló otra voz entre el tumulto.

—¡No! ¡No! ¡Eso, no! —se desgañitaba Bernarda.

—¿Por qué? Tú misma gritaste, por decencia, con la hija de la Librada, «¡Carbón ardiendo en el sitio de su pecado!».

—¡Pero ahora es mi hija! ¡Mi hija! —gritaba Bernarda, enfadada de que sus palabras y sus juicios pasados fueran una condena para ella misma.

Todos se sumaban con gritos a aquella consideración, hasta que una voz sobresalió entre las demás.

—¡Poncia! ¡Qué le diste a tu dueña para que piense ahora estas sandeces!

—¡No me busquéis la boca, que puedo ser un lobo que devore a bocados vuestras lenguas! —se defendió.

María Josefa se abrió paso entre ellas con un baile extraño que agitaba las manos al aire, miró hacia la luna y habló en voz alta: «¡Busquemos el velero blanco que nos lleve hasta la luna!». Todo el pueblo rompió en carcajadas, abucheos y gritos de «¡loca!».

—Es el poeta ese, Federico, ya lo dijo la mendiga. Ha nublado la mente de todas. ¡A por él también! ¡Que nadie rompa nuestras normas!

La respiración de Bernarda, superada y abrumada por las voces del pueblo, se agitaba de forma estrepitosa. Su cabeza daba vueltas en todas direcciones, y no sabía qué decir ni qué hacer. Al final, reaccionó por puro instinto. Dio unas zancadas enormes hasta el centro del espacio y se puso delante del caballo.

—¡Me enfrento a un pueblo entero si hace falta! ¡Vuestras malas lenguas fueron veneno para mi familia! ¡Si vais a quemarla a ella, quemadme antes a mí! —imploró.

—¡No, madre! —gritó Adela desde el caballo.

—¡Matadla, matadla! ¡Antes de que llegue el fuego, matadla! —agitaba un cuadro de voces a la izquierda, mientras la primera fila caminaba con violencia ante la propia Bernarda, el caballo, Pepe y Adela. Pero todos se pararon de golpe cuando, por sorpresa, quien se situó por delante de Bernarda fue la propia Angustias.

—¡Aparta, Angustias! ¡Además de humillada, no pretendas defenderla! —advirtió el alcalde.

La madre de Bernarda, en su mundo particular, salió a bailar ante todos y gritó.

—¡Viva las mujeres libres, alimañas!

El pueblo rompió en una carcajada y exclamaciones de negación.

—¡Sois el hazmerreír del pueblo! ¡Bernarda, has acabado loca, como tu madre! ¡Y tú, Angustias, que llevas una cornamenta que ni la de los ciervos...! ¡Condena a tu hermana, que ni siquiera es de sangre! —gritó una de las vecinas para humillarla, ante las risas del resto.

—¡No me importa la cruz que llevo porque quizás, de haberme casado, también la portaría como muchas de vosotras! ¡Y no nos señaléis solo a nosotras! ¡Este hombre a caballo es el que más daño me provocó! ¡Pero a él no tenéis valor de echarle carbón ardiendo porque es un hombre y la culpa siempre está sobre nosotras!

—¡Así Dios lo dispuso! ¡Hay que borrar a las pecadoras de la tierra! —alentó un vecino.

—¡No! —defendió Bernarda—. Fue vuestra cultura, vuestros comentarios, rumores y cuchicheos, vuestras órdenes de cómo educar a nuestras crías y vuestros mandatos de buena madre. ¡Vuestros juicios populares son una tumba de dolor! ¡Mirad vuestras vidas! Vuestra ira nace de todo aquello que os prohibís, pero que haríais de buena gana si no fuera por el qué dirán. Y vuestras infidelidades ocurren en la oscuridad de la noche por no ser vistas, aunque luego dormís cargados de hipocresía y deslealtad. ¡Os corrompéis entre los muros de vergüenza de vuestras casas! ¡Tenéis almas encerradas y solo os molestan las mujeres que rompen las rejas de las ventanas! ¡Ahora lo aprendí! Tendréis que pasar por encima de mi cadáver antes de apalear a mi hija.

De pronto, en el fondo del grupo, se escucharon unos gritos provocados por el rotundo sonido de unos árboles quemados que crujían, derrotados por el fuego, ya tras ellos. En aquel momento, la turba entró en pánico. El alcalde pedía a gritos salir de allí y tiraba de una Mariana que apenas podía ya sostenerse en pie. Algunos se movían sin saber bien en qué dirección ir antes de morir quemados, otros, caminaban decididos a matar a Adela y a Mariana allí mismo, aunque eso les costase la propia vida. Justo cuando estos estaban más próximos, un árbol cayó frente a los pies de Angustias y Adela, lo que provocó que el caballo despegara sus patas delanteras del suelo con un fuerte relincho.

—¡Niñas! ¡Bernarda! ¡Angustias! ¡Por aquí podemos huir! —exclamaba Poncia entre los gritos de la multitud.

Las hijas de Bernarda obedecieron y ella, mirando hacia atrás, cruzó los ojos con Pepe y su hija, a caballo.

—¡Corred! ¡Corred! ¡Huid lejos! ¡No entreguéis vuestra sangre! —imploró, justo antes de dejar de ver sus rostros tras un muro de fuego.

—6—

En la Huerta, nada hacía presagiar que el fuego y el bosque habían sido una trampa. La hija de Conjuradora permanecía en pie delante de la entrada del bosque con el deseo de recibir nuevas noticias que les devolvieran la tranquilidad ante tanta incertidumbre. Desde el balcón, un Federico afligido divisaba el horizonte anaranjado cada vez más cercano. Percibía un aire suave cada vez más caliente y unas cenizas que caían ya sobre él. Los dos guardaban silencio y los únicos sonidos eran los del crepitar de la hoguera de la entrada y la música de *El amor brujo*, que Federico había puesto para sentir algo familiar en las notas de su amigo Falla.

Aquellas notas musicales viajaron kilómetros y kilómetros desde la Huerta hasta alcanzar la zona más oscura y alejada del bosque, el cementerio de los personajes. Allí descansaban todos aquellos que habían dejado de existir por no ser recordados por nadie. Pero también contaba la leyenda que si alguien se perdía en el bosque y llegaba hasta allí, de forma inmediata dejaba de existir en su libro y era devorado por fuegos fatuos que ajustaban cuentas del pasado. En aquella zona, los colores grises y negros solo permitían identificar las luminiscencias de aquellas sombras y aquellos espíritus que se apoderaban de los personajes, a los que daban un final definitivo. Pero, en esa ocasión, el paisaje era diferente. El sonido de la composición de Falla ya llegaba débil, aunque lo suficiente para

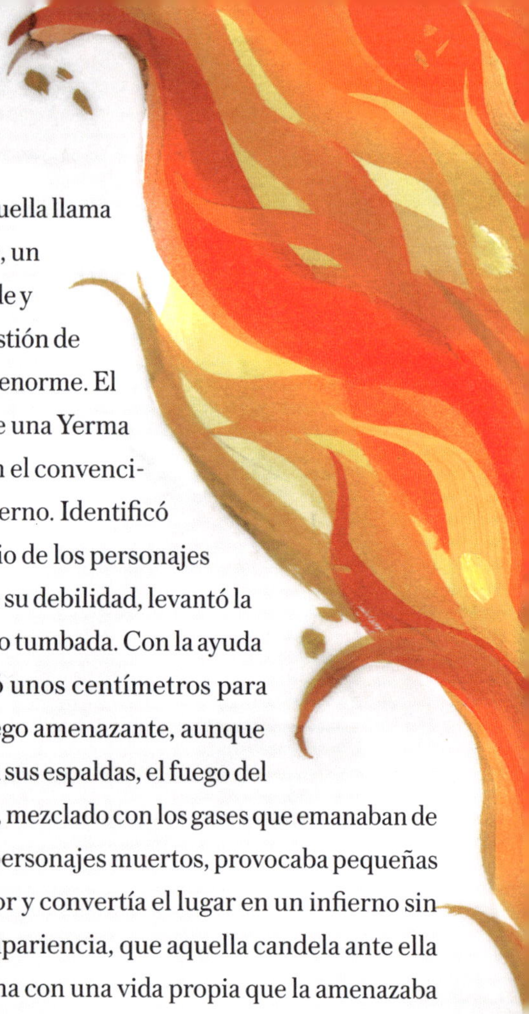

invocar una misteriosa luz brillante. Aquella llama pequeña emitía, de forma intermitente, un color que saltaba entre el blanco, el verde y el azul, y que prendió con fuerza en cuestión de segundos, adquiriendo una proporción enorme. El calor que desprendía era tan fuerte que una Yerma dormida abrió sus ojos lentamente, con el convencimiento de que se encontraba ante el averno. Identificó aquel lugar lúgubre como el cementerio de los personajes e intuyó su final. Como pudo, dentro de su debilidad, levantó la mitad de su cuerpo y permaneció medio tumbada. Con la ayuda de sus manos se arrastró y retrocedió unos centímetros para alejarse un poco de aquella bola de fuego amenazante, aunque tampoco tenía mucho espacio porque, a sus espaldas, el fuego del incendio ya la estaba rodeando. Aquello, mezclado con los gases que emanaban de la combustión y la putrefacción de los personajes muertos, provocaba pequeñas explosiones de un sonido sobrecogedor y convertía el lugar en un infierno sin escapatoria. Yerma sabía, solo por su apariencia, que aquella candela ante ella no era un fuego cualquiera, sino un alma con una vida propia que la amenazaba con un juicio final. Una vida propia que venía a por ella.

—Llegó la hora, Yerma —sonó con un tono rotundo, desde el interior de aquel haz de fuego embrujado, como en la leyenda de María de la O Lejárraga.

La mujer no tardó en reconocer esa voz que, ni siquiera años después, había podido retirar de su cabeza y que la había acompañado en sueños y pesadillas.

—No te tengo miedo. ¿Qué quieres, Juan? ¿Cómo has llegado hasta aquí?

—La bruja que tu Conjuradora rechazaba ha traído mi alma hasta aquí, bajo esta apariencia. Decían en el valle que ahora eres libre, pero olvidas el pasado. Nunca lo serás. Siempre te perseguiré, Yerma. Estás condenada a mí, a mi nombre, a mi ahogo. Y deberás afrontar mi propio destino.

—Entrego mi cuerpo si quieres, pero nunca tendrás mi alma nueva. La otra Yerma acabó el año pasado, cargada de culpa y veneno por ti.

—Es una ilusión. Tu nombre ya está manchado.

—Solo ante ojos como los tuyos. Porque ahora más gente sabe la verdad de ti, con tu fama y buen nombre. Antes que tú, yo fui víctima, y me volviste loca para ser culpable ante el resto. Tú eras mi verdugo cada día. Pero tus castigos solo yo los escuchaba, solo yo los veía y los sentía. Porque tus dedos eran garfios y solo mi piel se marcaba y se arañaba. Tú marchabas y yo quedaba entre cuatro paredes, en silencio. Que cada vez hablara menos, hasta perder la cabeza y hacerme cada vez más pequeña.

—Tus propias palabras afirmaban tu locura.

—¿Y las tuyas? ¿Por qué nadie las condenaba? ¿Por qué estaban permitidas? «Cuando te den conversación, cierra la boca y piensa que eres una mujer casada»; «No eres mujer verdadera»; «Debería obligarte a encerrarte, que para eso soy tu marido.» ¿Todas ellas, acaso, no eran fruto de tu control y tu posesión hacia mí?

—Hay límites que una mujer no puede rebasar. Me desafiabas. Podías haber sido como las demás y vivir tranquila, pero no querías. No te puedes rebelar contra el orden natural. Y te advertí de que cada hombre tiene su vida.

—Y yo te grité... «y cada mujer la suya». Viví sumisa a ti y lo sufrido lo llevé años en silencio, pegado a mis carnes. Pero un día las carnes se desgarran y se abren por el dolor y ya nada ni nadie puede contenerlo.

—Es a mí a quien honran en el cementerio con flores. No podrás huir de tu vida de mujer. Nadie creerá nunca tu palabra.

—No lo dudo, porque nuestra palabra no tiene poder. Pero tarde o temprano tú me matarías, por celos o por odio o por no poder controlarme. ¿Recuerdas que me pusiste a tus hermanas en casa para vigilarme? No tengo justificación, pero mi salida fue por desesperación de no poder ser libre. Adviertes de que nadie creerá mi palabra, pero sí habrá quien me crea porque vivió lo mismo que yo. Otras mujeres saben de qué hablo. Yo no quería verte y no podía dejar de verte porque cada día despertaba a tu lado y no tenía otra opción. De ser otros tiempos, nuestra vida hubiese sido diferente. Yo no podía huir de tu cárcel. Casarme me convirtió en tu esclava. Si hubiera podido separarme entonces, en libertad... Si hubiera huido, me habrían perseguido y encarcelado por abandonarte.

—Y por adúltera.

—Lo fuera o no, te lo habrías inventado. Y a cualquiera que se lo hubieras dicho te habría creído, porque siempre te creían, como hombre de la casa. Y aun así no debería importarte a quién entregaba mis desvelos porque, en verdad, tú nunca me quisiste. Tu frialdad me heló por dentro y me dejó seca. ¿Cómo iba a germinar fruto en mí? Víctor recordaba que era humana y me cogía en brazos como un zagalón... Un día le dije: «Hay cosas encerradas detrás de los muros que no pueden cambiar porque nadie las oye». Y justo cuando iba a confesarle mi dolor, callé. Cuánto cuesta atravesar los muros para ser escuchadas.

—Víctor... —repitió Juan de forma enigmática—. Tu corazón lo busca aún.

Yerma comprobó cómo aquel fuego se abría y se dividía para mostrar, tras él, la imagen de un Víctor que extendía su mano y gritaba su nombre.

—¡Yerma, salta! ¡Y nos vamos juntos al arroyo!

La mujer, aturdida, pretendiendo identificarlo, esperó unos segundos. Pero las llamas, cada vez más cerca de ella, se lo impedían.

—¡No puedo!

—¡Sí! ¡Salta! Confía —gritaba Víctor.

La mujer retrasó todo lo que pudo su cuerpo, para tomar distancia y perspectiva.

—¡No puedo atravesar este fuego! ¡Ardería en él!

—Mira a tu espalda. O me traspasas o acabarás devorada por las llamas —sentenció Juan.

Hiciera lo que hiciera, no saldría de allí con vida. Yerma comprobó que estaba rodeada por lenguas de fuego del incendio que se disparaban hasta casi alcanzarla. Solo ella permanecía en el centro de aquel terreno devorado por las llamas, ante aquella inmensa bola de fuego embrujada. Desde su posición, miró a los ojos de Víctor para encontrar en ellos el camino. Dudaba de si aquel Víctor era real o solo un señuelo. Pero ya qué más le daba... Sacando fuerzas de donde no las tenía, se incorporó por completo hasta situarse enfrente del espíritu de Juan, que la hipnotizaba con el calor y la danza de sus llamas. Movida por un balanceo, desorientada y desbordada, se dejó atrapar por unas manos que brotaban de la nada y dejó caer todo el peso de su cuerpo, al tiempo que sintió una bocanada fría, de golpe, que atravesó su garganta.

—El aire va llegando duro, con doble filo.

La mendiga replicó aquellas palabras de la luna como clave para llamarla. Permanecía refugiada en los pocos metros que se habían salvado del incendio, y con la satisfacción de que algunos hombres de Federico estaban llegando a sus deseos. Sonreía cada vez más, acompañada de sus fieles harramachos y de la madre de Novio, que aguardaba el momento en un sueño donde nombraba a su hijo una y otra vez. Con su poder y autoridad extendidos por todo el bosque, la bruja esperó a que la luna hablara como antaño. Y dejó que con sus palabras llegase el final de su obra maestra para comenzar, ya sí, la auténtica tragedia.

¿Quién se oculta? ¿Quién solloza
por la maleza del valle?
La luna deja un cuchillo
abandonado en el aire,
que siendo acecho de plomo
quiere ser dolor de sangre.
¡Dejadme entrar! ¡Vengo helada
por paredes y cristales!
¡Abrid tejados y pechos
donde pueda calentarme!
¡Tengo frío! Mis cenizas
de soñolientos metales
buscan la cresta del fuego
por los montes y las calles.
Pues esta noche tendrán
mis mejillas roja sangre,
y los juncos agrupados
en los anchos pies del aire.
¡No haya sombra ni emboscada,

que no puedan escaparse!
¡Que quiero entrar en un pecho
para poder calentarme!
¡Un corazón para mí!
¡Caliente!, que se derrame
por los montes de mi pecho;
dejadme entrar, ¡ay, dejadme!
No quiero sombras. Mis rayos
han de entrar en todas partes,
y haya en los troncos oscuros
un rumor de claridades,
para que esta noche tengan
mis mejillas dulce sangre,
y los juncos agrupados
en los anchos pies del aire.
¿Quién se oculta? ¡Afuera digo!
¡No! ¡No podrán escaparse!

—7—

El sonido de las campanas de la iglesia advirtió el último cuarto antes de las tres de la mañana, y la protección de la hoguera se había acabado. La hija de Dolores permanecía dormida en el suelo bajo la luna roja, al lado del fuego que se tenía que encargar de proteger.

—¡Federico! ¡Federico!

El poeta, que también había caído derrotado por el sueño, se levantó con el corazón en la boca tras escuchar aquel susurro, que no era de ninguna de sus mujeres. La vela de su escritorio se apagó repentinamente. Comprobó que los cristales de la ventana estaban empañados y sintió que un frío seco penetraba en él. Esperó por si era resultado de su imaginación y sus emociones contenidas hasta que, de nuevo, sintió aquella llamada por su nombre con un ruido de cristales y papeles muy cercano. Se paralizó unos instantes y, luego, saltó como un resorte de la cama, dejándose arrastrar por aquella voz familiar que revolucionaba sus latidos.

—¿Eres tú? —dijo, solo, casi tímido.

—¡Federico, quédate ahí, no vengas!

—¡Madre! ¡Eres tú! —exclamó, con los ojos brillantes y un nudo en la garganta.

Percibió que un cuerpo salía disparado escaleras abajo, desde el dormitorio donde se exponían sus textos. Entre la oscuridad que impregnaba la casa, decidió perseguir aquella sombra que se reflejaba más en la pared y que reconocía al instante por su forma. Se lanzó hacia las escaleras de la única manera que un niño se tira a los brazos de su madre.

—¡Mamá, espera! ¡Espera!

La mujer bajaba los últimos peldaños del primer tramo, y Federico, con su torpeza al andar desde la infancia, se apresuraba a bajarlos. Cuando, por fin, ante la ventana ojival, le dio alcance en el descansillo y la presencia se giró, aquellos ojos emocionados y aquellos brazos que querían rodearla se petrificaron como si hubiesen reconocido la cabeza de Medusa. Aquel cuerpo que había contenido la voz de su madre, y que incluso se asemejaba tanto a ella, acababa de cambiarse por un segundo en el rostro de la mendiga, que le miraba entre carcajadas.

—Qué fácil era que cayeras en la trampa. Así fue tu final. Las personas bondadosas e inocentes sois simples de utilizar.

—¿Qué has hecho con mi madre? Su voz estaba aquí ahora mismo.

—A las almas hay que llamarlas para que atrapen a otras almas perdidas, como la tuya. Pero creo escuchar que te ha dicho que no vinieras detrás. Y has desobedecido a tu propia madre —reprochó, entre carcajadas—. Ni tú eres libre, ni ninguna de tus mujeres lo será. Caeréis en el olvido para siempre, Federico.

El poeta comprobó que la mendiga sostenía en sus manos los libros de sus protagonistas, que había arrancado de la exposición, y las hojas que faltaban a su manuscrito. Y, de inmediato, sabiendo de las intenciones que los hombres le advirtieron, se lanzó hacia ella para arrebatarle aquellas páginas que contenían sus vidas. La mendiga y Federico forcejearon unos segundos. Él intentaba hacerse aunque fuera con uno solo de aquellos ejemplares escritos de su puño y letra, pero la mendiga logró coger a Federico del cuello de la camisa y, con una fuerza impropia de ella, lo lanzó por las escaleras hasta deshacerse de él. El poeta quedó tumbado boca abajo, sin moverse, y la mendiga descendió los últimos escalones hasta asegurarse de que ya no podía ir tras ella. Recolocó todos los pliegos de papel entre sus brazos y salió de la casa con prisa. Nada más atravesar la puerta verde, contempló a la luna satisfecha y, de soslayo, comprobó que allí estaba la hija de Dolores, a la que había dormido profundamente para que no se enterase de nada y no pudiera salir en defensa de Federico. Fue entonces cuando se acercó a la hoguera, lanzó allí los pliegos y abandonó el lugar mientras las páginas se hacían cenizas hasta consumirse el propio fuego y apagarse.

La Huerta quedó por completo a oscuras, salvo por una línea anaranjada cada vez más gruesa, que se evaporaba entre el humo y alertaba de la proximidad del fuego, ya casi al borde de la casa. En aquella soledad, la llegada de energías oscuras removió a la muchacha poco a poco en aquel letargo en el que estaba sumida. Sentía el golpe de las patas de un caballo contra el suelo, cada vez más intensas y más cercanas. El sonido llegó a ser tan profundo que aquellas vibraciones dieron paso a un temblor de tierra tan fuerte que la despertó por completo. Con su cuerpo medio incorporado, abrió los ojos de par en par, intentando adivinar de dónde procedía aquel ruido que ya retumbaba en su propio pecho y que aceleraba su pulso y su respiración. Así se mantuvo, expectante y entumecida por aquel sonido que anunciaba lo que no quería imaginar, hasta que un caballo irrumpió, impetuoso y con un relincho ensordecedor, en la entrada de la Huerta de San Vicente. La hija de la Conjuradora se puso de pie antes de que el propio animal la atropellara con su violenta carrera. Logró apartarse antes de ser arrasada y comprobó que sobre el animal había dos cuerpos que cayeron al suelo. A lo lejos, la muchacha identificó que uno de ellos, quieto sobre la arena, era de Yerma; y el otro, que logró ponerse en pie, era la propia Novia, con el vestido manchado de roja tierra y una corona de espinas en la cabeza.

—¡Muchacha, llévate a Yerma! ¡Huid! ¡Apartaos! ¡Solo yo he de enfrentarme a él! ¡Aquí viene! ¡Será otra boda de sangre!

Un segundo caballo llegó a la entrada, arrasando con el galope los bancos de madera ante la puerta verde, destrozándolos por completo y haciendo saltar las

astillas por los aires. Y, a continuación, tras propinar una coz a uno de los árboles, embistió al primer corcel con toda su fuerza y su odio. Los dos caballos lucharon entre sí delante de la casa hasta retomar el galope para desaparecer dentro del bosque, con relinchos que resonaron en un eco profundo. La muchacha arrastraba a duras penas por la tierra el cuerpo de Yerma hasta el cuartillo de los guardeses. Allí le tomó un tibio pulso y decidió abrazarla y protegerla, recordando a su madre en todo momento y pensando qué les depararía aquella explosión de violencia. Se refugiaron detrás del balcón encalado, bajo las parras, y desde allí, rodeadas de un inquietante silencio, la hija de la Conjuradora comprobó qué estaba sucediendo.

—¡No te tengo miedo! ¡Haz conmigo lo que debas! —jadeaba Novia casi al vacío, cerca de la entrada del bosque.

¡Ay, qué lamento, qué fuego
me sube por la cabeza!

Expulsó de su boca aquellos versos del pasado de forma casi inconsciente y sin poder poner resistencia, impulsada por un sentir interior que había amordazado ella misma estos años y que parecía, de nuevo, la antesala de un encuentro. Permaneció allí unos instantes, con la mirada perdida, hasta que identificó un cuerpo de silueta inconfundible que se aproximaba hacia ella y al que se entregó, rendida a sus brazos.

—Eres tú, Leonardo —confirmaba, mientras lo palpaba, lo llenaba de besos y lo agarraba con sus todas sus fuerzas—. Es todo como antaño, tu olor y el murmullo de tus venas.

—Y tu olor que te sale de los pechos y las trenzas —recordaba Leonardo, mientras hundía su nariz en su cuello y la besaba, a la vez que a ella se le escapaba una sonrisa.

—Entiendo ahora cuando dijiste: «Clavos de luna nos funden mi cintura y tus caderas». Te amarraría ahora a mi cintura para que nunca más te fueras. Pero huye, que la culpa es mía y sola debo enfrentarme a ella.

—La culpa ni fue tuya ni mía, sino de esta tierra, que aun echándome su arena a los ojos ni evitarte pudiera. Y aquí sigo, quitando uno a uno los vidrios de mi lengua mientras mi sangre se tornó oscura y cada sueño llenaba las carnes de mala hierba. Que recuerdo ahora mismo cada frase y cada uno de tus suspiros de aquella noche negra. Casémonos y que se selle mi vida eterna.

Novia sabía que aquel conjuro podría ser solo una trampa que, quizás, la alejaría de él para siempre. Lo apretó aún con más fuerza y rememoró, con los ojos cerrados, algunas de las últimas palabras que se arrancaron aquella última noche, dispuesta a que la historia se repitiera.

Para ti será el castigo
y no quiero que lo sea.
¡Déjame sola! ¡Huye tú!
No hay nadie que te defienda.

Leonardo recordó, con exactitud, lo que le respondió a aquellos versos y, con el abrazo del deseo convertido en cariño, le susurró al oído mientras le acariciaba el cabello con sus manos ásperas...

Pájaros de la mañana
por los árboles se quiebran.
La noche se está muriendo
en el filo de la piedra.
Vamos al rincón oscuro,
donde yo siempre te quiera,
que no me importa la gente,
ni el veneno que nos echa.

La joven, de pronto, quiso desprenderse de sus brazos.

¡Huye!
Es justo que yo aquí muera
con los pies dentro del agua
espinas en la cabeza.

—No me vas a convencer, Poncia. Obedeceré hoy, pero cada vez aceptaré menos órdenes de Bernarda. Conseguiré crear la biblioteca en el pueblo y no tendré que trabajar para ella.

—Desde que Rosita te ha ayudado a leer y te estás haciendo con los libros, piensas cosas raras. No hay quien te conozca.

—Pues eso es lo bueno, que no me conozcáis, porque luego no me vais a ver el pelo —espetó la Criada, determinante—. Ve con la señora. Yo encontraré a Josefa.

Poncia vio cómo se marchaba su compañera en busca de la anciana hacia el bosque de chopos más cercano. Dudó unos instantes qué hacer y pensó en seguir la orden de Criada. Caminó hacia Bernarda que, intentando disimular como si estuviera abstraída de la escena, no había perdido detalle de la conversación.

—Sigamos. Ya vendrán —sugirió Poncia, ya a su lado.

—Criada está muy rebelde.

—Haga con ella como con sus hijas. Al final, cuanto más las atamos, más se rebelan. A mí, hoy, si volviera a nacer, no crea que me tendría tan callada.

Los gritos de Josefa sobresaltaron al grupo. Todas comprobaron que había regresado y emprendieron de nuevo el camino. Criada prefirió quedarse al lado de la anciana, que se percató de que su ánimo estaba removido.

—Puedes alejarte de mí, María. Si me pierdo ahora no importa. Más perdida he estado toda mi vida.

—Prefiero quedarme con usted. Es la única cuerda de esta casa y la única que quiere ser libre de verdad, aunque no pueda.

—¿Te confieso un secreto? —manifestó, haciendo que la Criada se agachara hasta situar su oído cerca de su boca—. Hay una forma de volar y ser libre: que no te importe lo que digan de ti.

Y tan pronto como la anciana dijo aquello, se alejó dando brincos con su oveja bajo el brazo, como si un golpe de cordura la hubiese visitado fugazmente y ahora volviera a sentirse enajenada, para alejarse de la realidad.

Criada sostuvo aquella idea en la cabeza como una alternativa para sobrevivir en ese periodo de transición hasta conseguir su sueño. De alguna manera, tenía que hacer que sus días fueran más llevaderos. Centrarse en aquella meta podía ser la única solución momentánea.

Poncia miró hacia atrás, para comprobar que Criada y Josefa guardaban unos metros prudenciales de distancia. Hizo lo mismo con las hijas de Bernarda, hasta asegurarse de que la separación entre ellas impediría que nada llegara hasta sus oídos. Y en ese instante, cuando estaba totalmente convencida, no dejó escapar la oportunidad para hacer a Bernarda la pregunta que le rondaba desde que salieron de la casa.

—Dígame la verdad, señora. Vamos a la Huerta porque quiere volver a ver a Adela.

La respiración de Bernarda se encogió, pero ni siquiera se detuvo. Continuó el camino, seria, firme, con la mirada al frente.

—Silencio, Poncia. No digas nada. Silencio.

—3—

A la nana, nana, nana,
a la nanita le haremos
una chocita en el campo
y en ella nos meteremos...

Novia divisaba, a lo lejos, las alpacas de paja del fondo del campo, a la vez que acariciaba con la punta de los dedos las espigas de trigo entre las que caminaba. Miró con complicidad a Yerma cantar aquellos versos, y quiso sumarse con otros que su memoria le traía de vuelta, para amenizar el camino que les quedaba hasta la alameda de los chopos.

A la nana, nana, nana,
a la nanita de aquel
que llevó el caballo al agua
y lo dejó sin beber...

Las dos avanzaban cubiertas, a ratos, por una suave bruma que crecía conforme hacían camino y se mezclaba entre sus piernas con las espigas silvestres que les ofrecían un paisaje casi dorado. Desde que todo ocurrió, las dos habían compartido mucho tiempo juntas. Aunque la lejanía entre ellas estaba presente, cada una en diferentes espacios, buscaban elementos de conexión entre los libros. A veces compartían mensajes en una botella que lanzaban al río, que viajaban de una hasta la otra, para intercambiar ilusiones. En el transcurso del año, Novia había quemado cartas y cartas bajo la luz de la luna para comunicarse con Leonardo, como le había recomendado la Conjuradora. Y Yerma estaba asombrada porque sentía la llama del deseo. Ella, que durante años había crecido con la sensación de estar seca y estéril por dentro, había sido capaz de enterrar parte de su pasado y presentir que algunos brotes verdes crecían en sus adentros. Salieron del campo de trigo para pasar a uno de tierra seca que las llevaría hacia su destino.

—Mira estas pisadas en la tierra. ¿Serán de ellas? ¿Crees que todas habrán recibido tu mensaje y vendrán? —preguntó Yerma.

—Creo que sí. Y espero que les ilusione mi motivo. Lo que vivimos juntas, a pesar de nuestras diferencias, fue tan único que nada podrá separarnos. Tú o yo sabemos nuestros motivos, pero todas volverán con alguna otra razón —confesó Novia, antes de alejarse para jugar con unas piedras que bordeaban un pequeño riachuelillo, cuyo caudal flojo humedecía el paso—. Todas hemos cambiado... como este paisaje, ¿has visto? La tierra casi se agrieta cuando andamos, es más rojiza y se deshace en nuestras manos, y este río apenas fluye. Y contrasta tanto con mi interior, que no está seco, sino más palpitante que nunca.

Yerma cruzó la mirada con ella, porque sabía que aquel interior de felicidad era común y tan explosivo que no podía impedir reflejarlo en su rostro. La esperanza que le crecía en el pecho era imposible de silenciar.

—¿Sabes? —comentó ante el gesto de atención inmediata de Novia—. La nana que acabo de cantar la recitaba en casa. Retumbaba en mis adentros cuando estaba con Juan y no me despegaba del tabanque de costura a mis pies. Él hacía como si estuviera sordo, pero quien sí me escuchaba con plenitud era Víctor. ¿Crees que en este viaje yo podré llegar hasta Víctor, como tú has conseguido llegar hasta Leonardo?

—Ojalá, Yerma —sonrió, cómplice—. Porque yo, a día de hoy, aún no puedo describirte lo que aquel encuentro significó para mí. Lloré de alegría y de pena a la vez, y mi angustia fue no poder sacarlo de aquel caballo. Tú, que conoces más a Dolores, ¿crees que me traerá a Leonardo en persona para que ella nos case?

—Si es lo que tú quieres, me alegraría mucho por ti.

—Es lo que quiero. Lo nuestro estaba por encima del matrimonio, pero en la romería de este año una anciana me pasó un conjuro que deseo que Dolores realice. En él se cuenta que si regresa Leonardo de alguna forma y contraemos matrimonio, ya no desaparecerá nunca más. Es la única manera, con una boda... que no sea de sangre. Quizás sea egoísta, pero después de tanto dolor, si encontré felicidad en sus brazos, no quiero que se me vuelva a escapar.

—Ojalá, Novia... y ojalá me traiga también a Víctor, aunque me da vergüenza solo de pensarlo.

Tras aquella confesión, sintió como si ella misma se impusiera un candado que cerrase sus labios. Novia percibió que se había tragado sus palabras y la empujó a expulsarlas.

—Pero di, no te calles, soy yo, Novia.

—Lo sé, amiga, pero... tengo fantasías con otro hombre distinto al que tuve. Imagino escenas de día y de noche con él donde me entrego como nunca. Se me agarra algo a las entrañas que no sé cómo explicar, y le abrazo con una fuerza visceral que no puedo evitar.

—Pero ¿por qué te culpas?

—Porque soy la asesina, la que debería de haberse matado después llena de culpa, la que debería estar llorando toda la vida, a la que nadie comprende... ¿No lo entiendes? Todo el mundo me lanzaría piedras en la próxima romería.

Novia sostuvo sus manos temblorosas antes de responderle.

—Yerma, que te critiquen... a ti, a mí y a todas las que quieran. Que nos critiquen y lancen venenos de sus lenguas, que morirán arrastradas como las víboras. La gente se va a la tumba llena de fracasos y sueños incumplidos. Podemos soñar y anhelar sin dar explicaciones a nadie. Quienes nos señalan es porque nunca serían capaces de hacer lo mismo, aunque ardieran en deseos, porque tienen miedo de que otros los juzguen.

Yerma soltó un soplido de alivio, como si aquellas palabras hubiesen desatado un nudo en la garganta.

—A veces, creo que solo tú me entiendes.

—Yo lo he vivido. Y aquella noche pensé y pensé y pensé, hasta agotarme, qué dirían los demás, pero mi vida era mía y de nadie. Luego de aquella boda bañada en sangre, mi deseo se convirtió en una culpa arrastrada que incluso aún no me arranco, con el sentimiento de que enamorarme había sido pecado. Y, luego, pienso... Que digan lo que quieran... Que me poseyó el demonio o que fui un torrente descontrolado sin pies ni cabeza, pero cuando salí huyendo solo yo poseía la certeza de que tenía al amor de mi vida delante y poca gente vive eso. Cuando tienes esa evidencia ante tus ojos, cuando el alma te ensancha el pecho, por mucho que te niegues, no puedes decirle que no. Y eres capaz de hacer lo que yo hice, escapar del mundo si fuera preciso —declamó Novia, retirando una lágrima del rostro de Yerma, para sostener su cara entre sus manos—. Amiga, grábate esto que te digo, a fuego, ahí dentro: no podrán con nosotras.

A lo lejos, una mujer vestida de luto las contemplaba. Y ocultándose tras uno de los árboles del campo, acarició una de las espigas y pronunció en un susurro: «Benditos sean los trigos, porque mis hijos están debajo de ellos».

—4—

El grupo de mujeres vestidas de negro que se mezclaban entre aquel ambiente grisáceo avanzaba hacia la casa. Amelia devolvió la vista hacia atrás. La mirada de su madre, Bernarda, seguía sobre ella. Desconocía si el resto de las hermanas tenía la misma sensación, pero aquellos ojos clavados aún le pesaban a sus espaldas, le oprimían los pulmones y le ataban la respiración. A pesar de que algunas cosas habían cambiado, sentía que continuaban siendo pequeñas para sus ansias de devorar el mundo. Ella seguía echando de menos a Adela y creía que, en el fondo, todas realizaban de nuevo ese viaje solo para volver a esperarla.

—¿Vosotras a quién tenéis más ganas de ver? —preguntó Angustias mientras pateaba una piedra del camino.

—Un poco a todas, para saber de ellas —comentó Martirio, sin interés, distraída por el paisaje.

—Yo quiero saber de Rosita —confesó Angustias.

—¿Por? —preguntó Amelia, con curiosidad.

—Las dos fuimos abandonadas por un hombre que eligió a otra mujer. Quiero saber si ha podido olvidarse de su primo, porque yo no he podido olvidar a Pepe el Romano.

—Porque te obsesionaste con él —puntualizó Martirio, seca.

—Para obsesionada, tú, que ciega de odio delataste a Adela ante mamá porque no soportabas que la tocara. Y sí, no dejo de pensar porque no fue una cualquiera la que me lo quitó, fue mi hermana, que comparte mi sangre. ¿De qué sirve la sangre si no se respeta?

Amelia temía que aquella tensión creciera sin ni siquiera haber llegado aún a la casa. Miró hacia atrás a Bernarda y pidió a las hermanas que bajaran el tono de voz e intentó cambiar el foco de la conversación.

—¿Y por qué no arrojas esas frases hacia él, Angustias? —La hermana la miró contrariada—. Nunca lo tuviste, en el fondo. Quien tenía que haber respetado aquel pacto de hermanas era él mismo. No tenía que haber puesto los ojos en otra mujer salvo en ti.

Angustias intentaba controlar su respiración.

—La sangre es sagrada. Por una familia, se muere.

—Depende de la familia —aclaró Amelia en cuanto pudo—. Hay familias por las que merece la pena pelear, y de otras hay que salir huyendo o pierdes la razón, como le ocurrió a nuestra Adela.

—La sangre, a veces, no explica nada porque justo crea ríos de sangre que te arrastran al fondo y te ahogan —sentenció Martirio.

—La familia es la que toca y no siempre está a la altura. A veces otras personas sin tu sangre, al menos, no solo te escuchan sino que te comprenden. Yo ahora me siento más cercana a Criada o a Novia que a ti, Angustias. Con ellas puedo hablar de futuro y de deseo. Contigo, no. Todas tenéis miedo aún.

—Hasta tú lo tienes, que no te has ido y vienes aquí con nosotras.

Aquel comentario de Angustias dolió a Amelia. Sabía que, entre todas, la lista de reproches nunca se agotaría. Cuando el dolor atraviesa tanto a una familia, como ocurría con la suya, sale siempre el dolor. Y a Amelia le cansaba reconocer que el miedo se albergaba en ella. Que no se lo podía arrancar y que la perseguía, como la sombra que se marcaba en el camino a su paso.

—Una noche, escuché a Poncia decir que Novia y Yerma entraron en locura porque no tenían madres que las aconsejaran. Nosotras tenemos —justificó Martirio, para cerrar la conversación, sin éxito.

—Pues con madre, una de nosotras se mató. Yerma y Novia no estaban locas —respondió Amelia.

—Aún lo dice la gente —justificó Martirio.

—¿Y quién es la gente? ¿Las conocían, acaso? ¿Vivían con ellas? Todo el pueblo las tachó de majaras por hacer lo que les venía en gana y eso está mal visto. Nunca podremos quitarnos de encima esta condena de familia.

—Quizás tenga razón —meditó Martirio—, pero es cierto que ni Yerma ni Novia tenían madre.

—¿Y? ¡No me las santifiques! Las madres son mujeres. A las madres las hicieron guardar silencio y obedecer para sobrevivir. Parir es algo solo nuestro, porque así es nuestro cuerpo, pero ni este pecho ni esta cabeza me obligan a tener que cuidar a los demás por encima de mí misma. ¡Ya está bien! —reprochó Amelia.

—¡Niñas! Basta de jaleo —gritó Bernarda, a unos metros, consciente de que sus hijas tenían una conversación tensa.

Todas devolvieron la vista hacia atrás, para luego cruzarla entre ellas. Martirio bajó la cabeza al suelo. Amelia resopló. Y Angustias, agarrando el rosario que llevaba colgado de su cuello, solo dijo: «Ni una palabra más. Silencio».

—5—

—No entiendo por qué no me quieres enseñar. ¡Eres mi madre!

—¡No me chantajees! Sí, soy tu madre, pero también soy la Conjuradora. Y no te voy a enseñar porque no quieres hacer magia para ayudar. ¡No lo permitiré!

—No, madre. No quiero hacer daño a nadie. Solo alejarlo de mí y que alguien me quite ese dolor. Parece mentira que para esto no me ayudes, pero para darme yerbajos para preñarme, bien que no tenías problema.

Conjuradora apretó los ojos de desesperación, llevando las manos al cielo y agitando la vara, que dejó oír el sonido de sus campanillas, como si pidiera al más allá una dosis añadida de paciencia. Se dio media vuelta y avanzó los últimos metros. Su hija no le perdonaba que la hubiera obligado a casarse, y ahora no paraba de recordárselo. Pensaba que durante el camino se le quitaría el enfado, pero ya divisaban la Huerta a lo lejos. En esta ocasión no se fiaba de dejarla sola, así que decidió que la acompañara en el viaje para tenerla controlada. Consideraba que le iría bien rodearse de mujeres que hablaran de los hombres sin tapujos e intercambiar sus vivencias con otras. Pero ni siquiera la propuesta parecía consolar a la muchacha, que solo quería convertirse en mejor conjuradora que su propia madre. De hecho, buscaba que las protagonistas de Federico le contaran, de primera mano, los ritos que había hecho su madre con ellas, a la que nunca había visto en acción tal como se relataba por todos sitios. Porque, desde que todo ocurrió, en el mundo de los libros las protagonistas no paraban de escribirles cartas para llegar hasta ella, además de todas las mujeres del valle esperaban ser sometidas a rituales que cambiaran sus vidas. Ella quería aprender también para ayudar a todas aquellas que venían con un pasado doloroso como mujeres.

Hasta entonces, solo había visto desde pequeña cómo días antes de las romerías muchas mujeres acudían a su casa, la última en la zona más alta de la aldea, en la oscuridad de la noche. Recordaba de madrugada los golpes en la puerta de madera, el sonido de la apertura, el olor continuo a hierba seca de las paredes, la luz tenue y anaranjada de la vela que su madre portaba, las palabras intercambiadas en voz baja y cómo se iban tras una cortina a despachar. El murmullo de aquellas conversaciones la arrullaba hasta coger el sueño. Recordaba cómo, durante un tiempo, su madre le impidió ir al río para evitar a una anciana que enseñaba remedios peligrosos y que amenazaba con hacerle daño. Fue la primera vez que conoció el miedo porque pensaba que se quedaría huérfana y sola, pero cuando se alejaron a las cuevas para protegerse y pasaron los días y las noches, fue feliz por estar con ella. Después creció y, siendo aún joven, Dolores la obligó a casarse. El resto, para ella, ya no fue la vida que imaginó. Su madre no le dejaba tampoco dedicarse a la brujería, aunque sabía que tenía más alma de conjuradora que ella misma. Pero, al fin y al cabo, quería protegerla del mismo destino que había sufrido.

—Una cosa advierto —añadió su madre—: Nuestro tiempo estará manejado por una flor, una rosa *mutabile* que, aparte de marcar las horas, tiene propiedades curativas que algún día descubrirás. Pero te recuerdo: no te atrevas a jugar con el tiempo.

Salió de aquellos pensamientos cuando, tras rebasar los últimos árboles, descubrió frente a ella la casa de la Huerta de San Vicente. No se la imaginaba así. Apreció los jazmines azules de la entrada y su aroma, y aguardó a que su madre diera dos golpes con los nudillos en la puerta, a la vez que agitaba las campanillas de su bastón para identificarse. Pronto intuyó el movimiento de unas sombras tras los vidrios de la ventana. De inmediato, la puerta se abrió y tres mujeres, para ella desconocidas, se abrazaron a la Conjuradora. Pasaron al vestíbulo y observó algunos detalles, como el velón de Lucena junto a la mecedora, el diván o el espejo que reflejaba su aspecto descuidado tras el viaje. Estaba sorprendida. Nunca había visto una sonrisa tan feliz en su madre mientras saludaba a aquellas mujeres. Jamás. Ni siquiera con ella misma. O si la tuvo, sería de cuando era muy pequeña. ¿Qué clase de conexión había tenido con esas desconocidas que las unía tanto? Cuando Rosita se presentó, la sacó de golpe de aquel viaje en el tiempo.

—Mi madre me habló mucho de ti, Rosita —le respondió tras el saludo, sin dejar de contemplar el vestido blanco que portaba, tan delicado, en comparación con el suyo de algodón gris.

—Es que Rosita fue la que originó todo, la que nos juntó. Encantada de saludarte, yo soy Belisa —comentó, mientras se acicalaba el pelo para estar presentable.

—Pues espero que le hayas hablado de mí a tu hija, bruja —se quejó Zapatera mirando a Dolores, quien se rio—. Yo te advierto que aún estás a tiempo de irte de esta casa, muchacha. Cuando las mujeres nos juntamos...

—No me la asustes, ¡que menudo viaje me ha dado! —espetó la Conjuradora—. Está en una de esas crisis nuestras.

—Pues entonces, ¡has venido al mejor sitio, muchacha! Aquí todas le damos a la lengua una barbaridad. Eso sí, no me hagáis trabajar como la última vez: que si el zapato, que si el vestido...

—En esta ocasión, si ocurre algo de eso, que lo asuma mi hija, es buena bordadora —lanzó Dolores.

El gesto de la muchacha cambió por completo.

—¡Que no, madre! ¡Cuántas veces he de repetirlo! Que no me gusta ni guisar, ni lavar ni coser. Que me gusta la calle, subir al arroyo y tomarme un refresco de anís. ¡Que yo quiero ser bruja y usted no lo entiende! ¡Déjeme en paz!

La muchacha abandonó el vestíbulo y giró hacia la derecha, en dirección a la casa de los guardeses. La Conjuradora la perdió de vista pronto desde el interior, y en cuanto desvió su mirada encontró que los rostros de Belisa, Zapatera y Rosita le demandaban una explicación.

—Pasad al comedor, que os cuento.

—Pues ya nos puedes dar detalles de qué le ocurre a la muchacha para estar así —declaró Zapatera.

—Si podemos ayudarla en algo —sugirió Rosita.

—No sé si tú precisamente..., porque no me perdona que la casara con el Miguel, un joven de otra pedanía. Nunca lo ha querido realmente, se dejó llevar. Ahora, Miguel se ha ido. Es lo que tienen los personajes que no salen de los libros, que pueden hacer lo que quieran...

—Menudo holgazán —maldijo la Zapatera.

—Dice que se fue por trabajo —continuó Dolores—, pero todo el mundo ya sabe que se ha marchado con otra de la pedanía donde él nació. Ahora somos la habladuría del pueblo, y no quería dejarla sola en esas circunstancias. Está muy vulnerable y eso es peligroso.

—Has hecho lo debido —puntualizó Belisa.

—Y ahora le ha dado por decir que quiere un conjuro contra los hombres que hacen daño. Entre lo de Miguel y lo que le pasó a otra muchacha en la romería...

—¿Qué?

—El año pasado, en lo más oscuro, unos mozos atenazaron con sus manos los pechos de su amiga...

—¡Pero qué horror! ¡Se creen que somos suyas! ¡Estamos vendidas!

—Entre una cosa y otra, ella me roba libros, me arrebata hechizos, se guarda hierbas sin decirme nada...

—Pero ¿y tú por qué eres tan *apretá* y no le enseñas a la muchacha? Cuanto más prohíbas, peor, más se rebelará. ¿Qué mosca te ha picado?

—No es eso, Zapatera. Ella tiene madera en esto. Se parece a mi madre, que era mucho mejor que yo.

—Entonces, bruja, ¿tienes envidia de tu propia hija?

—Zapatera, no me interpretes mal. Yo confío, pero tiene mucho más allá. Y ella lo sabe. Hace pequeñas cosas con una gran habilidad pero aún no sabe separar los cuatro mundos a los que nos enfrentamos: el mundo humano, el de los personajes, el de la vida y el de la muerte. ¿Sabes lo que es ser bruja? Que cuando algo malo ocurre, todo el mundo te señale. Es huir por las montañas para no ser condenada, salvo que tu nombre brille porque un autor lo requiera. Celestina solo hay una. Hemos sufrido mucho y no quiero el mismo destino para ella. Por eso la casé, para que fuera una mujer normal.

—Pero si ella ha crecido viéndote a ti, que no has sido una mujer normal, sino que has estado sola frente a la adversidad, ¿no entiendes que eres su referente y que eso del bodorrio no va con ella?

Dolores suspiró, con un gesto entre el enfado y la derrota. En aquel instante maldecía toda su vida. Bajó el tono de voz para confesar:

—Mi carrera no le conviene. Además, me preocupa. Yo, de verdad, creo que ella tiene capacidad para hacer magia negra de entrada. Por ejemplo, solo quiere aprender a manejar el espacio y el tiempo. Es lo más delicado dentro de la magia porque puede provocar desórdenes irreparables. Solo debe hacerse en muy contadas ocasiones. Sobre todo ella, que quiere siempre volver hacia el pasado para cambiar decisiones de su vida... y eso no se puede. Me aterra que juegue con el tiempo y el espacio porque aún no domina lo más primario.

—Pero, explícate. Nos vamos a morir o qué, porque yo no me entero del peligro de todo esto.

—Una vez que se termina un libro, estos quedan sellados para que las historias no puedan mezclarse, salvo excepciones. Eso no nos salva de que personajes de todo tipo sepan de nosotras o nos escriban, como me pasa ahora. Pero hay cientos de brujos y de brujas de magia negra pendientes de los canales y flujos cuando alguien desafía enfrentarse al tiempo. Captan esos cambios de energía para, con malas artes, cruzar de una historia a otra. Y ahí hay de todo. Algunos vienen a robar tesoros, a ajustar cuentas... o a matar personajes...

—¡Pero qué cuentas, bruja! ¿Y a Federico lo podrían matar?

—Creo que no, pero no puedo darlo por seguro. La única certeza es que hay personajes que nadie recuerda o autores que nadie nombra, porque esas historias mueren. Si encuentran ese pasadizo de conexión pueden destruir nuestras historias y a nosotras mismas. Y os prometo que nuestra reunión del año pasado corre como la pólvora porque las palabras vuelan y se saltan cualquier barrera. Y eso no puede pasarnos a nosotras. No podemos hacérselo a Federico, que nos pidió seguir hablando por él y mostrando la historia de tantas mujeres. Borrarnos de la memoria es el vacío. Y mi hija es incapaz de distinguir todas esas energías. Si comete un error y cae en esta trampa, esa magia se volvería contra nosotras...

—Pero ¿qué mujeres querrían hacernos daño a nosotras? —dudó Belisa.

—No todas son santas, hija mía, o acaso no hay algunas muertas de envidia o que nos la tienen jurada, porque conmigo cada una tuvo una lengua que para qué te cuento... —apostilló Zapatera.

—No solo eso. Podrían hacerlo nuestros hombres si los despertamos de su letargo. Y os aseguro que más de uno querría hablar con vosotras.

Las tres miraron a Dolores con incredulidad. La Conjuradora suspiró antes de hablar, agitó su cabeza, como si intentara que de forma rápida se ordenaran sus ideas. Rosita le sujetó las manos y le devolvió la mirada.

—No seas así de tosco y seamos buenos hombres, después de todo esto —propuso el primo—. ¿No habéis aprendido nada?

—¿El qué? —demandó el Zapatero.

—Pues lo que nos ha dicho Federico, intentemos mejorar. ¿Acaso tenéis algo que ver con los hombres que ellas narran y que han querido matarlas? ¿Ese Juan o ese Novio? ¿Os sentís orgullosos de que ellos sean hombres? Yo no. Yo los condeno. No quiero ser como ellos, no quiero que me digan que puedo ser como ellos —denunció el primo—. No carguemos sobre ellas nuestra responsabilidad.

—A mí nada de eso me devuelve ya a mi Zapatera —se quejó.

—Quizás no te la devuelve, pero si dejas de ser tan tosco como te digo, tan gruñón y dejas de refunfuñar y de perseguirla, quizás no la alejarás, no te tendrá miedo y, al menos, podrás saludarla y tomarte algo cuando vaya a la taberna. Si seguimos como hasta ahora, las vamos a perder.

—Pero eso eres tú. Yo les digo a las mujeres cuatro cosas y caen a mis pies —manifestó don Pedro, con orgullo—. Y si no, son unas resentidas.

— No, están decepcionadas. ¿Tú tampoco te has dado cuenta? Ellas son libres y no las vas a comprar ya con palabras. No quieren palabras. Quieren hechos.

—Por cierto, ¿y Mariana? —preguntó Fernando—. Marianita no ha vuelto.

—Iré en su busca —propuso don Pedro.

—No, iré yo —añadió Fernando, desafiante—. Y buscaré a ese alcalde para que pague por todo lo que le haya hecho.

—A callar. De Mariana intentaremos saber nosotras —ordenó Bernarda desde la distancia, mostrando que no podía evitar controlar todo y provocando un silencio entre los hombres, al que le siguió un murmullo. Todas las mujeres también miraron aquella reacción de Bernarda. Solo ella sabía que, cuando marcharan de allí, quería pedir a conjuradora conectar con el más allá para saber si su hija se había salvado. Y, quizás de paso, saber de Mariana. Pero intentó disimular para que nadie pudiera descubrir aquellas intenciones, y ordenó a la hija de la Conjuradora que siguiera con el relato que le había interrumpido. La muchacha aprovechó y terminó de narrar precipitadamente todo lo ocurrido y lo que había logrado, ante una Dolores orgullosa y emocionada.

—¡Madre! ¡Y el Novio luego... se mató y mató a la bruja! ¡Lo vi con mis propios ojos! ¡Cuando ya había conseguido su propósito!

—La violencia solo genera vacío —le aclaró, ante su sorpresa.

—Tu hija me salvó, Dolores —recalcó la Novia—. Vuestra magia me salvó.

—Me ha salvado incluso a mí —asumió, acariciando la cabeza de la muchacha—. Hemos tenido mucha suerte... porque somos personajes eternos que no podemos abandonar este mundo de ilusión y creación, porque vivimos en los símbolos de nuestro creador aunque quisieran derrotarnos. Pero la vida de las mujeres humanas no tiene la fortuna de la magia. Las mujeres que tienen nuestro mismo fin; en el mundo real, nunca vuelven. Sus cuerpos están bajo tierra, escondidos entre silencio y violencia. Y las que no están bajo tierra, pero fueron dañadas en vida, han podido renacer de sus almas apagadas, como nosotras, pero más lentamente, porque ese tiempo que tú has acelerado debe ir a su ritmo en cada una. El necesario para atravesar la tempestad de las olas del mar, que las lluvias nos limpien por dentro, apagar fuegos interiores y dejarse llevar con el aire por otros caminos, hasta pisar tierra segura otra vez. Solo en la naturaleza podremos encontrar la calma a tanta devastación interior. Y solo el paso del tiempo permite ver con distancia. Y ahora... el tiempo nos dice que debemos irnos de aquí cuanto antes.

Todas aceptaron aquella realidad como incontestable. Aquella magia que había avanzado tantas horas del día dejaba poco margen.

—Qué diferencia entre el año pasado y este. Entonces nos marchamos de aquí todas como si fuéramos nuevas, con una lección aprendida. Y yo, ahora, no sé, estoy aturdida, con una carga encima. Porque pensaba que entre todas había una alianza, pero he visto a esa mendiga, a una mujer buscando el mal para nosotras mismas... No logro entenderlo. Y, a pesar de todo, en aquel grupo de hombres había quienes tenían mejores intenciones que ella.

—No la juzguéis —ordenó Rosita a Belisa—. El pasado es un lastre del que no todas pueden desprenderse ni todas quieren aprender. Y la historia de cada una deja una mirada diferente ante la vida. A veces somos cómplices de cosas solo por sobrevivir o porque no sabemos manejar bien la rabia o el dolor.

—Daos tiempo para entender lo que ha ocurrido. El impacto de la violencia nubla lo que llegamos a comprender, pero lo descubriremos más pronto que tarde —advirtió Dolores.

—Yo he aprendido a tener paciencia, a confiar en que puedo hacer cosas buenas y a escuchar para crecer —confesó la muchacha ante la mirada de su madre.

—No es que seas mejor que antes, hija. Ya lo eras. Solo necesitabas escucharme decir lo válida que puedes llegar a ser para creer y confiar en ti. Pero no dejes que nadie te valide. No dejes que nadie, ni siquiera yo, frene jamás lo que hay dentro de ti. Avanza libre, afronta los riesgos y yo estaré para cuando me necesites, si lo consideras.

Todas miraron, conmovidas, a dos mujeres que ya no eran brujas, sino la esencia de una madre con una hija.

—Hemos aprendido que la amenaza siempre estará ahí pero que, aunque quieran separarnos, estamos unidas, ¿no? —dispuso Zapatera.

—Y que la vida es nuestra y de nadie más debe ser —sumó Criada.

Belisa, tras escucharlas, quiso añadir su reflexión.

—Pues tendremos que estar siempre unidas porque, aunque nos creamos libres, siempre intentarán que no lo seamos. Lo que avancemos puede ser que siempre nos lo quieran arrebatar.

—Pues si lo consiguen, lo conquistaremos de nuevo, porque nunca serán conscientes de la fuerza de todas juntas. Así será —afirmó una rotunda Rosita, haciendo que todas pusieran sus manos unas sobre otras, como juramento de hermandad. Pero, por sorpresa, una mano se unió a las suyas: la de Bernarda Alba, a quienes sus hijas miraban desde la distancia.

—Yo aprendí que lo que no quieras para tu hija ni para ti misma no lo quieras para ninguna otra mujer.

Todas mostraron en su rostro su conformidad con las palabras de una Bernarda que, como si aquello hubiese sido un arrebato impropio de ella, retiró la mano con celeridad bajo la excusa de buscar un nuevo bastón de madera, por si alguna nueva amenaza las esperaba en el camino de regreso. Se alejó del grupo rumiando sobre sí misma cómo había sido incapaz de controlar aquella confesión ante las demás y mostrar esa parte tan íntima de ella. Pero aún estaba sobrepasada por aquel linchamiento del pueblo hacia su hija y Mariana. Tan perdida andaba en aquella rabia interna que tropezó en el bosque, cayó y se asustó ante una presencia entre unos arbustos oscuros.

—No busque un bastón, madre. Usted ya no lo necesita.

Cuando levantó los ojos y vio a Adela, con su rostro sin daños y su vestido como nuevo, respiró de forma profunda, como si recuperara su aliento.

—Hija... —le dijo, de rodillas, desde el suelo, con brillo en los ojos.

—No hable, madre. Tengo que volver a mi mundo.

—¿Con Pepe? —En cuanto hizo aquella pregunta y comprobó la mirada de Adela, supo que se había equivocado—. Sabes bien que no estoy de acuerdo, pero dejarte libre, incluso lejos de mí, es la mayor respuesta de amor que te puedo dar como madre. Aunque no me quisieras. Vive en el más allá la libertad que te fue negada en la tierra.

Adela se arrodilló, la abrazó por última vez y le dijo al oído: «Lo haré, madre», para desaparecer entre los nuevos arbustos verdes, mientras Bernarda capturaba ese instante en su retina para siempre.

Mientras todo aquello ocurría fuera de la casa, dentro, Federico se acercó a su mesa para despedirse de su dormitorio, sentir su olor y aquella protección antes de viajar de nuevo a ese mundo frío donde habitaba y que no quería nunca comentar. La Conjuradora lo sacó de sus pensamientos cuando llegó al pasillo, tras revisar el resto de los dormitorios. Le avisó para que bajara porque tenían que despedirse. Antes de que el cuerpo de Dolores desapareciera por el umbral de la puerta, la hizo volver. Cuando la tuvo delante notó la inquietud y premura en el cuerpo de la Conjuradora, y sopesó unos segundos por si era apropiado sacar aquella conversación de forma tan precipitada, pero Dolores se calmó y le devolvió una mirada de atención. Con ese gesto, decidió confesarle su angustia.

—No sé si recuerdas lo que hablamos la última vez. Dime la verdad, Dolores, ¿alguna vez podré ver a los míos? Aunque sea solo uno. Tengo centenares de despedidas sin cerrar que no puedo demandarte, lo sé. Pero tengo centenares de dolores aquí dentro sin abrir que solo necesitan un bálsamo de cariño y luz.

Porque dicen que vivo, pero no estoy vivo, estoy muerto. Me mataron y me cortaron las alas de golpe. Y donde estoy solo hay frío y soledad. Y hoy esa bruja me trajo a mi madre y quizás tú puedas hacerlo. He escuchado su voz y mi corazón ha vibrado como si fuera un niño. Y solo tengo ganas de llorar porque la he perdido. Es lo único que te pido... —Dolores no sabía cómo reaccionar ante un Federico nervioso e impaciente—. Es curioso. No me quiero despedir de vosotras nunca, que me dais calor, pero sí quiero despedirme de los míos porque sé que es la única verdad. Siento como si mi alma no pudiera descansar de tantas conversaciones pendientes y palabras no dichas y miradas no atendidas. Quiero estar en paz. Ya que me mataron, al menos, quiero ser un alma tranquila y en calma. Lo necesito.

La Conjuradora sostuvo aquella mirada derrotada unos instantes, sin certeza alguna de poder aliviar su dolor.

—Dame tiempo. Lo intentaré.

Dolores abandonó el dormitorio con una carga de culpa por no poder calmar el dolor de Federico, pero tampoco sabía qué responder y dudaba de que, realmente, pudiese hacer algo. Cuando la Conjuradora bajaba el último tramo de las escaleras, se encontró con Rosita, que pretendía subirlas.

—¿Dónde vas? —le preguntó, tirando de su brazo para que abandonara la casa. Rosita hizo fuerza para retirar su mano y mostró un gesto de súplica.

—Dame unos minutos solo. Necesito despedirme de Federico.

La Conjuradora no pudo frenarla y observó a Rosita subir con rapidez el tramo de las escaleras. Rosita sabía que el tiempo apremiaba, pero también que no podría irse de allí sin ver a Federico, quizás, por última vez. Lo que no imaginó fue que, cuando llegó al umbral de la puerta del dormitorio, vería a un Federico cabizbajo, sentado en la cama. Su llegada le hizo reaccionar, algo tarde, con una sonrisa forzada ante ella.

—¿Qué te pasa, Federico?

—Nada —vaciló, algo nervioso y rehuyendo la mirada—. Estoy bien, no te preocupes de nada, mi criatura. Lo importante es cómo estás tú...

—Federico... —requirió, mientras tomaba sus manos y le obligaba a hablar mirando a los ojos—. No te esfuerces en aparentar siempre una sonrisa. Y no pienses más en nosotras. Estamos bien. Lo importante es saber qué tienes ahí dentro que te cambia esos ojos y esa cara.

El poeta dejó de forzar esa apariencia de felicidad que quería mantener ante ella y aceptó abrir su corazón.

—Conjuradora no me asegura que pueda despedirme de los míos. Entiendo que es difícil porque ella, en el fondo, es un personaje, y yo le pido contactar con otros humanos. Pero yo también lo era, antes de ser un alma perdida y encerrada en un espacio horrible donde no hay nadie y donde nada ocurre. Ella es la única que ha podido comunicarse conmigo después de tantos años... y es mi única esperanza frente a esta amargura que me consume.

—Pero ¿estás seguro? Quizás, lo que pides provoque un adiós para siempre y nunca más nos veamos. Hay que ser valiente para las despedidas.

—Si estoy muerto..., solo vosotras me habéis rescatado. Yo solo pido hablar con los míos, avisarles de que estoy aquí y hablar un poquito —hizo una pausa, imaginando cómo sería ese reencuentro, y tragó un nudo antes de volver a confesar—: O, mejor aún, a veces las palabras sobran y me conformo tan solo con achucharlos muy fuerte y llenarlos de besos, sin decirles nada más. ¿Cómo podría, tan solo, avisarles? ¿Cómo decir lo mucho que los quiero cuando no pueden ni verme ni tocarme?

Rosita apretó aún más sus manos, para que sintiera su apoyo, pero también porque empatizaba con él en lo más profundo. No solo por aquella necesidad, al comienzo, de contactar con todas las protagonistas, sino porque, en lo más doloroso de su vida, solo aquella carta de despedida a su primo le ayudó a curar una parte de sí y de todo aquello que no se atrevía ni a pronunciar.

Fue entonces cuando ideó que quizás podía ayudar a menguar parte del dolor del poeta.

—Ven, Federico, aprisa —le dijo, mientras de forma precipitada se levantaba y buscaba un papel en blanco en su escritorio, aunque casi todos estaban con anotaciones o manchas—. Primo me ha mandado un avión de papel, justo ahora, y tengo que darle una respuesta antes de irme. ¿Por qué no haces lo mismo con los tuyos? Escríbeles, lancemos esos aviones y, quizás, les lleguen.

Federico reflejó en su mirada que se había dejado arrastrar por la ilusión, aunque pronto frenó aquella esperanza.

—No puede ser esto... El primo y tú estáis en el mismo espacio y os podéis comunicar. Pero yo soy humano...

—Federico, ¿y si resulta? Tú mismo animas siempre a que rompamos las normas. ¿Acaso no te late solo el corazón con esa idea? Si no sirve, al menos no te quedará el peso de no haberlo intentado.

El poeta, que se quedó de pie y dubitativo mientras escuchaba a Rosita, dibujó una sonrisa de aceptación en su cara, mientras comenzó a asentir con fuerza, sin poder pronunciar palabra de la emoción. Con rapidez, Rosita escribió en su papel y, mientras ella doblaba el folio para darle forma, le pasó la pluma para que Federico redactara su mensaje. Reflexionó unas milésimas sobre qué poner pero, al final, garabateó con la rapidez propia de quien no piensa, sino de quien grita en una hoja lo que siente desde lo más adentro. Luego, nervioso y con el papel algo arrugado en sus intentos frustrados de fabricar el avión, pidió a Rosita que le ayudase. La joven, con destreza, dio la forma definitiva y guiñó el ojo a Federico, con una sonrisa de confianza y deseo.

—Vamos —le invitó, mientras alargaba su mano al poeta para que se acercara al balcón.

Y desde allí, Rosita y Federico contaron «uno, dos y tres» y, a la par, lanzaron los aviones desde lo alto. Nada más salir, tendieron hacia abajo, pero la angustia de que el invento no hubiera funcionado se disipó con una ráfaga de viento que impulsó el vuelo. Los vieron alejarse, entre risas nerviosas y de ilusión, acompañadas de unos aplausos del resto de las mujeres y hombres de Federico, quienes, desde abajo, vieron cómo los aviones se alejaban. Entre ellas, la Conjuradora, que dibujó una sonrisa ante una Rosita y un Federico felices, fundidos en un abrazo de esos en los que las palabras sobran.

—Rosita, no hay más tiempo —avisó Dolores, con pena pero con obligación—. Federico, baja y cierra la puerta. Hay que despedirse.

—¡Adiós a todas! ¡Adiós, Federico! —gritaron los hombres, a la entrada del camino de los cipreses, antes de abandonar el lugar, mientras el poeta alzaba la mano y los veía partir—. ¡Llámanos si nos necesitas!

— ¡Portaos bien! —desveló él, con una sonrisa.

—¿Volveremos a vernos? —gritó el primo, ante la mirada de todas y del propio Federico.

—Solo si tenemos que ayudar a Federico —comentó Dolores, despertando cierta inquietud entre todos ellos, como si supiera algo que no podía desvelar aún. Pero no era tiempo de más preguntas. Los hombres se alejaron y mientras que Federico y Rosita bajaban, Novia se había distanciado para no perder la trayectoria de los aviones lanzados. En todo momento, mantuvo la mirada en alto, persiguiendo el recorrido de aquellos aviones hasta verlos alejarse en el horizonte y antes de dejarse arrastrar por una brizna de hierba que se cruzó ante ella y desvió su atención. Cuando la brizna descendía, sus ojos descansaron sobre el nuevo bosque frondoso que tenía frente a ella y, entre las hojas, se percató de un movimiento inquietante. Entre las hojas que se retiraban, la cabeza de un caballo se abrió paso. El animal se mostró algo más, sin llegar a ser descubierto por nadie más que por ella. Desde la distancia, Novia identificó en él los ojos de Leonardo, sin duda. Intentó avanzar con la mano en su corazón, pero el caballo hizo un gesto que ella interpretó para que no se acercara. Mantuvieron sus miradas durante un tiempo considerable como para comunicarse entre ellos y con la esperanza de que estaban vivos. El animal resopló, hizo un movimiento para despedirse y se perdió entre las hojas. Novia permaneció allí unos segundos más, como si la atracción por aquel momento la impidiera alejarse. Pero despertó de aquel estado de conmoción por los gritos y órdenes de Dolores y el resto de las mujeres, que la llamaban para que regresara y emprender juntas el camino de vuelta. Federico, cumpliendo las órdenes de la Conjuradora, bajó a la puerta y miró a todas.

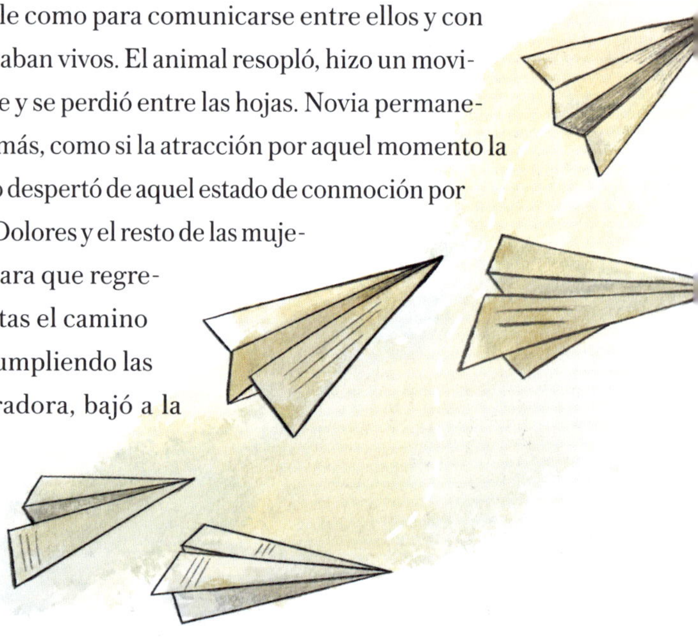

—Estoy orgulloso de vosotras, por vuestra lealtad inquebrantable. Yo entregué todo de mí a quienes consideraba mis amigos, pero luego me dieron la espalda. La traición de una soledad no esperada. Vosotras, en cambio, habéis aprendido a daros la mano. Aprecio una sensación que debe ser parecida a la de un padre que ve crecer a sus hijas y debe dejarlas marchar. No dejéis de luchar por lo que queráis, aunque otros no os lo permitan y hablen mal de vosotras. Yo os llevo en mi alma, pase lo que pase.

—¿Te volveremos a ver, Federico? —preguntó la hija de la Conjuradora.

El poeta levantó sus hombros y, cuando quiso dar una respuesta, fue interrumpido por Dolores, preocupada por si eran descubiertas ante la claridad ya de la mañana. Obedeció las indicaciones de la bruja, caminó a la entrada de la casa y desde la puerta verde se despidió con una mirada repleta de amor a sus mujeres, mientras veía cómo se marchaban a toda prisa y cómo, cada vez, sus cuerpos se hacían más pequeños. Cuando cerró la puerta, se giró para caer sobre ella, juntó sus párpados e intentó guardar en su memoria aquella imagen de despedida. Abrió de golpe la puerta otra vez, queriendo correr tras ellas, pero ya no estaban.

Echó un vistazo por la entrada de la Huerta de San Vicente, deteriorada y abandonada, igual que debió quedarse tras desaparecer él y toda su familia, y se dio la orden de que la desmemoria anulara su nombre y sus recuerdos. En aquel recorrido por cada detalle, le llamó la atención el montón de cenizas que había en la hoguera apagada. Se acercó a ella, introdujo la mano en aquel polvo gris, extrajo un bulto y, cuando sopló sobre la superficie, descubrió que era uno de los libros de sus protagonistas. Con prisa, repitió el proceso hasta hacerse con todos y regresó a la casa, cerrando la puerta verde. Ya dentro, cuando levantó la mirada, tenía aquella escalera frente a él de nuevo, una vez más. Dio un vistazo a toda la casa desordenada, con el sentimiento de que sería la última y única forma de estar más cerca de los suyos, a los que nunca alcanzaría. Reparó en el gramófono de la cocina y puso de nuevo la púa sobre el disco de pizarra de su amigo Manuel de Falla, para sentirse menos solo, acompañado por una música que aliviaría su alma. Subió uno a uno los escalones hacia su habitación, descansó todos aquellos pliegos de la hoguera en el escritorio, los palpó mientras revivía aquellos días en los que escribió esos textos, y se sentó en su silla para sellar para siempre no la historia que él había pensado hacía un año y dejó abierta, sino para escribir, como un notario, los logros que aquel grupo de mujeres había conseguido aquella madrugada del 18 de agosto. Ellas habían creado su propia historia.

El sonido de la campana de la iglesia marcaba el primer toque solemne de las ocho de la mañana. Puso punto final a la última línea de su obra y sintió un sonido extraño en su balcón, mezclado con el de la campana que recordaba la hora, de fondo. Se giró y comprobó, en el suelo, cómo oscilaba, movido por el aire, de forma suave, un avión de papel. La decepción le invadió cuando comprobó que era el mismo que él había elegido para escribir. Lo identificó porque tenía la mancha redonda de tinta negra en una de las alas, que había visto al doblar el papel. Con la respiración agitada se asomó al balcón, por si podía descubrir quién lo había lanzado de regreso hasta su dormitorio, pero no había nadie. Se acordó de su doña Rosita, cuando decía en su obra: «El más terrible de todos los sentimientos es el sentimiento de tener la esperanza muerta». Así era justo como se sentía en aquel momento. Desanimado, se agachó para coger el avión y desplegó el papel para doblarlo y guardarlo como recuerdo. Releyó su frase escrita y pestañeó dos veces cuando, abajo, comprobó un tipo de letra que no olvidaba. Le dio un vuelco el corazón y, como pudo, leyó:

—Te espero, Federico. Mamá no te olvida.

Con un temblor en sus manos y en sus labios, dos lágrimas cayeron de inmediato sobre su rostro, desbordado por la emoción y la esperanza. Sin saber, tras el último toque de campana, que los rayos de sol atravesaban los cristales para quemar los pétalos caídos y recomponer una *rosa mutabile* renacida, tenebrosamente negra, que vaticinaba el inicio del fin, como rosa de la muerte.

MAÑANA DEL 18 DE AGOSTO

—¡No, no son locuras mías! Que no, que tampoco es cosa de este tiempo tan revuelto. Te estoy diciendo que, además del vendaval y la nieve que nos ha venido, algo más ha ocurrido aquí esta noche. ¡Si era la noche de Federico! ¿Qué? ¿Que no me escuchas bien? Es este viento, que no me deja que te llegue el sonido.

En contra del fuerte aire que soplaba, Juanjo avanzó a pasos agigantados por el jardín hasta la Huerta. Comprobó el deterioro que aquel incendio y las condiciones climáticas habían provocado no solo en el tejado de la vivienda, sino en todo su entorno. Observó pisadas de caballo en la tierra, comprobó la hoguera apagada, puso de pie el macetero de la entrada volcado por el viento, observó los aviones de papel por el suelo de la casa, la rosa negra en el comedor, el gramófono en la cocina, y subió acelerado las escaleras hasta el dormitorio del poeta.

Forzó la puerta, que no se abría. Ante su resistencia dio un golpe más fuerte, con el que entró atropelladamente en la habitación, donde una corriente de aire provocó que las hojas que Federico había dejado escritas sobre su escritorio salieran despedidas por el balcón. Juanjo las vio alejarse una tras otra sin oponer resistencia. Cada una de esas hojas sobrevoló el cielo de la Huerta, del jardín y de toda Granada, hasta la más lejana de todas. Una de ellas viajó hasta un río, dejándose arrastrar por el fluir del agua, y quedando parada en una orilla, empapada. Uno de los hombres que andaba por el campo, bajo la sombra de los árboles, recogió aquella página ya mojada. Con rapidez, identificó la letra y, mostrándoselo a otro hombre que estaba junto a él, le indicó:

—Federico sigue vivo. Hay que ir a por él.

AGRADECIMIENTOS

Gracias por la inspiración a la Huerta y a Granada, a los atardeceres, a los chopos, a la calima y sus dolores de cabeza, al trigo del paisaje desde el tren, a las minas de Riotinto, a los harramachos de Navalacruz y a su niebla, a la naturaleza, la luna, a la música de Falla, a María de la O Lejárraga y a *El amor brujo*. A las mujeres y hombres que suman, por darme argumentos para poner en boca de las protagonistas. Y a todo aquello que, a pesar de ser doloroso, me ha removido para escribir este libro más oscuro.

A las personas que este año se han quedado a mi lado, gracias por respetar mi «encierro» o silencio y ayudarme frente a las decepciones o la mala salud. Gracias a la doctora Teresa Pérez Reyes por su profesionalidad y comprensión ante un dolor que me ha acompañado todo el libro, y por darle solución. A Juanjo García, por tantas alegrías y por hacerme sentir que la Huerta no es solo una casa sino un hogar. A Andrea Stefanoni, de la librería La Mistral, y a Aurorita, por su ilusión contagiosa y tanto cariño siempre. A Belén y Tamara de las Rutas Lorquianas, por vuestra generosidad. A Barbara Burani, por tu paciencia y tenacidad, y a todo el equipo Lunwerg por estar y hacer, en especial a Lola, Vanesa, Irene y Javier. A mi Javier Ortega, por tantas cosas que te debo, por cuidar y ser más que un editor. A mi compañera de viaje, Vanessa, por soportar mis audios podcast de Whatsapp, escucharme en mis inquietudes, quitarme miedos y dar forma a lo que siento. A quienes me leéis, por vuestras sonrisas e ilusión en las ferias del libro, que sirven de motor para seguir. A quienes me inspiraron o cuidaron cuando no había casi nadie. A mi familia, mi padre y mi madre (que aguanta mis momentos de subidón cuando sé cómo seguir) y mis hermanas, Irene y Eva. Pero, en este libro, sobre todo a Eva, la única que ha leído el manuscrito y que me ha ayudado a salir de mis bloqueos. A mis ausentes, que me siguen inspirando desde el más allá. Ojalá pudiéramos hablar por aviones de papel. A Federico, sobre todo, por esas frases tuyas que me hicieron continuar cuando quise parar de escribir este libro.

A. B.

A Ana Bernal-Triviño, que es capaz de galopar con coraje en los momentos más oscuros. Sin su fortaleza, tesón y compromiso estas páginas no existirían.

A Javier Ortega y Barbara Burani, por su entrega y sensibilidad. El camino es siempre más amable a su lado. A Javier Zaldúa, Lola Escudero, Irene García, Vanesa Hereu y a todo el equipo de Lunwerg por hacerlo posible.
A Juanjo García, por ser el anfitrión más generoso y compartir su pasión con nosotras. A Max Ross, que me regaló la primera imagen de inspiración cuando este libro era apenas una semilla. A Belén Serrano, por ser y estar siempre. A Andrea Álvarez, por cuidar de Uma con amor en mi ausencia. A Charlee Mito, Vanesa Santos y Miguel San José, por enviarme estelas de Federico acompañadas de licor café. A Fernando García, que me hace danzar bajo la lluvia de verano. A mamá, a papá, a mi familia.

L. D.

ANA BERNAL-TRIVIÑO es profesora e investigadora en la Universitat Oberta de Catalunya (UOC) y periodista en *Público*, *El Periódico* y *La Hora de La 1* en TVE.

Por su trabajo en defensa de los derechos humanos y de la mujer ha recibido numerosos reconocimientos y premios, entre ellos, la Cruz del Mérito de la Guardia Civil, concedido por el Ministerio del Interior.

Es autora del ensayo *No manipuléis el feminismo. Una defensa contra los bulos machistas* (Espasa, 2019) y *Las mujeres de Federico* (Lunwerg, 2021).

Detrás de la firma LADY DESIDIA está Vanessa Borrell, una artista con una sólida formación académica, una sensibilidad única y un estilo inconfundible que le han permitido convertirse en un referente de la ilustración actual en nuestro país.

Ha participado en numerosos proyectos editoriales y es autora del libro ilustrado *El jardín secreto de Virginia Woolf* (Lunwerg, 2020) y de las ilustraciones de *Las mujeres de Federico* (Lunwerg, 2021).

HUERTA
DE S. VICENTE
Nº 6

HUERTA
DE S. VICENTE
Nº 6